BEYOND THE WALL OF RESISTANCE

WHY 70% OF ALL CHANGES STILL FAIL - AND
WHAT YOU CAN DO ABOUT IT

遇墙皆是门
超越变革的阻力

[美] 里克·莫瑞儿（Rick Maurer）◎著
王雷◎译

清华大学出版社
北京

北京市版权局著作权合同登记号　图字：01-2017-2316

【Beyond the Wall of Resistance：Why 70％ of All Changes Still Fail-And What You Can Do About it】by【Rick Maurer】ISBN：9781885167729 Original English language edition published by Bard Press Copyright © 2010 by Bard Press. Simplified Chinese-language edition copyright ©【2017】by Tsinghua University Press. All rights reserved.

本书封面贴有清华大学出版社防伪标签，无标签者不得销售。
版权所有，侵权必究。举报：010-62782989，beiqinquan@tup.tsinghua.edu.cn。

图书在版编目(CIP)数据

　　遇墙皆是门：超越变革的阻力/(美)里克·莫瑞尔(Rick Maurer)著；王雷译.—北京：清华大学出版社，2018(2024.2 重印)
　　书名原文：Beyond the Wall of Resistance：Why 70％ of All Changes Still Fail-And What You Can Do About it
　　ISBN 978-7-302-48530-8

　　Ⅰ.①遇⋯　Ⅱ.①里⋯②王⋯　Ⅲ.①企业改革－研究　Ⅳ.①F271.1

中国版本图书馆CIP数据核字(2017)第240819号

责任编辑：陆浥晨
封面设计：李召霞
责任校对：王荣静
责任印制：宋　林

出版发行：清华大学出版社
　　　　网　　址：https://www.tup.com.cn，https://www.wqxuetang.com
　　　　地　　址：北京清华大学学研大厦A座
　　　　　　　　　　　　　　　　　　　　邮　　编：100084
　　　　社 总 机：010-83470000　　邮　　购：010-62786544
　　　　投稿与读者服务：010-62776969，c-service@tup.tsinghua.edu.cn
　　　　质量反馈：010-62772015，zhiliang@tup.tsinghua.edu.cn
印 装 者：三河市东方印刷有限公司
经　　销：全国新华书店
开　　本：148mm×210mm　　印张：9.25　　字　　数：187千字
版　　次：2018年2月第1版　　印　　次：2024年2月第9次印刷
定　　价：59.00元

产品编号：070963-01

献给我的妹妹莱瑞恩,

她总是以优雅、勇敢和乐观来面对生活中的诸多变化。

你是否经历或观察过以下事情：

- 组织重组与合并没起作用？
- 新的软件应用系统在实施前就已经失败了？
- 没有说得过去的原因，一个主要项目就"流产"了？
- 浪费时间的长期计划会议？
- 新的产品或服务一推出就失败了？
- 达不到削减成本的目标或其他目标？
- 非常重要的提高质量的新构想变成了追逐潮流的泡沫？

如果对多数问题的回答是"是的"，那么你就会理解"70%的变革都失败了"就发生在我们身边，你就能感受到失败的结果正影响着组织的底线和大家的职业生涯。

这本书将展示给你为什么那么多的变革都失败了，更重要的是，它将告诉你如何避免那些扼杀新构想的潜在危险。如果你能在工作中用到在本书中所学的东西，将会极大地提高你的变革成功率。

向自己挑战

陈春花

北京大学国家发展研究院管理学讲席教授

几年前我在引领一家公司变革时,曾经给经理人写了一封信,这封信的中心思想就是要求大家在变革中"向自己挑战"。无论是我自己的管理实践,还是管理研究,对于变革失败的原因,人们都非常清楚,核心的障碍来自团队成员内心对变革的接受程度。但是,在实际的工作中,人们却往往忽略这件事,反而在变革方法、变革的资源、变革组织形式以及变革的原则和流程上耗费大量的时间。事实上,如果每一个团队成员,愿意花费时间先来调整自己,调整自己的心智模式,调整自己开放去接受变革并积极主动去变革,成效一定是显而易见的。

如何做到这一点,摆在面前的这本书可以给予你帮助。这是一本由美国大型组织变革顾问里克·莫瑞尔编著,为变革领导者提供支持和协助的指导性著作。整本书通过四部分内容,从思想意识和行为认知上为推动变革提供切实可行的概念和理论。到目前为止,美国很多营利性、非营利性的组织和企业、机构都在使用书中的变革方法,如《华盛顿邮报》、国际货币基金组织等。这本书深深吸引了我,清晰明了的逻辑、引人入胜的阐述以及对于人的行为举止和心理活动的准确判断……整本书都在告知读者,人员在变革中发挥着至关重要的作用,团队的支持与配合是变革成功的必要保证。

　　本书用了一整个篇幅系统地解释了"抗拒"，为变革领导者提供了准确的判断标准、分析了条件反射反应的危害。也许在阅读此书之前，"抗拒"被理解为一种自我保护的方式，但本书中对"抗拒"给出了更全面的理解，它包含三个等级的原因——从信息不对称到排斥变革本身，或是对领导者的不信任。此外，"抗拒"会产生能量，而这种能量很可能衍生出一种强有力的反抗组织变革的力量，倘若不正确面对，就会带来潜在威胁。作者对于条件反射面对方式的界定和负面影响给出的清晰说明，可以让读者做好准备：你在开启变革的时刻就面临很多挑战，不仅包括外界"抗拒"产生的压力，而且涉及自身态度和应对方式带来的反作用力。例如，领导者的傲慢姿态——认为只有自己是对的，其他人都是错的，进而忽略看似微不足道的团体，甚至用权威镇压反对的声音，因此可能带来的强力回击势必对变革造成阻力。

　　人是一切经营的根本出发点。想要取得变革成功，需要人们的支持，作为领导者，要在行动上采取措施，吸引并引领团队共同走向最后的胜利。本书一个独特之处，就是充满了"实用主义"的色彩。因为作者是集组织心理学家、教练、爵士乐手于一身的变革项目一线咨询师，所以作者特别注重如何运用本书的观点，能够站在读者需要去实践这些观点的视角去撰写这本书，这一点非常令人欣喜。

　　本书第二部分将变革循环周期和对应的各个阶段进行了详细说明，从第一个阶段到最后一个阶段层层递进、步步深入。首先，要招揽支持和服务变革的人才。然后，迈出正确的第一步以启动变革。根据我的理解,这一阶段的关键在于选择正确的人做恰当的事,此时需要将第一阶段的愿景和目标切实体现在具体的计划、绩效和标准当中,为大家分配各自的工作任务、采取切实可行的管理系统、推进变革进程。之后,让变革保持鲜活。这是承上启下的阶段,既要保证变革在启动后有效推进,又要为实现变革的成功做好准备。在这个阶段,具体的项目负责人无疑是主要力量,但整个变革的领导者更是核心,而且此时对于领导者的要求似乎更高——不但要有统筹把控进程、协调整合资源的能力,还要有预见和面对未来的能力。最后,面对抗拒,让变革回到正轨。这样的循环周期方法,可以让读者直接去运用和尝试。

我很欣赏作者面对阻碍的积极态度,在书中,他从未提出过逃避或消极的应对方式,而是一直在指引领导者积极、正向地面对抗拒,解决问题。就像在这个阶段,他提出"与抗拒一起工作"的理念,引导管理者采取正式和非正式的手段了解事实真相、分析问题所在,并采取行动转化抗拒。

这本书的目的在于实现领导者的知行合一、切实有效地帮助变革,这大概也是第 1 章到第 9 章都以"架起知与行之间的桥梁"为结尾的原因。沿着本书的逻辑,我发现精通变革理论模型的根本在于形成自己的变革模式,只有在实践中分析总结出适合自己和组织的应用模型才能做到对症下药,从而真正做到成功变革。

学会换思想,别等换人

迪信通集团创始人
刘东海

关于变化或变革的话题,我很熟悉,因为从 1993 年北京前门的一个 BB 机销售柜台,到今天 3 000 多家门店的迪信通集团公司,变化和变革一直伴随着我们。

我们经历了从几个人经营到组织管理的转变;从卖货到给顾客增值服务的转变;从实体店到互联网思维,到 O2O 模式的转变;从只看自己公司发展到带动整个行业发展,覆盖全国 2 800 多县市的"云聚计划",实现信息扶贫的梦想的转变;从国内发展到走出国门,到印度、东南亚以及非洲等市场发展;从多年专注小的手机和移动终端的销售到从事物联网的发展,也就是 2017 年 8 月 4 日,迪信通与德国 ACM 签署战略合作协议,将德国 ACM 轻量化车这个"大手机"引进国内,国产化以及开展租售业务,为消费者提供更广阔的家庭融合宽带、车联网和物联网服务。从以上一系列变化可以看到,迪信通的生存与发展总是与变化和变革相伴随行,而迪信通的成功正是我们积极拥抱变化或引领变化的结果。

企业家都知道,变革成功,人是关键。因此我常常强迫迪信通的管理团队要突破自己的舒适区,也就是要转变思维。变化不等人,企业创新不等人,因此我也常跟大家说:能力不动就动位置,思想不换就换人。

不过,近年来我感到变化越来越快,变化越来越复杂,变化也越来越难。如何自我转变思维,又如何带领团队转变思维,确实是现代管理者应该具备的基础能力,然而有这种知识和能力的人比较少。在管理岗位上的人应该及时学习这方面的知识,并且不断实践,让自己成为符合时代要求的管理者。

阅读《遇墙皆是门——超越变革的阻力》,书中的很多场景,我都感到很熟悉,因此能感受到作者是与一线业务人员摸爬滚打出来的变革专家。本书的译者王雷是我多年的朋友,有30多年业务一线的管理经验,我们也曾经邀请他给迪信通集团做过战略咨询项目。对于这样一本一线实践者写的书,由另一位一线实践者翻译,最重要的是,这本书是当今企业变革或创新所急需的,我非常高兴有机会向一线的管理者郑重推荐这本书。

期望大家不单能从中学习到知识,还能勇于在实践中运用知识,做到知行合一,通过引领变革或通过不断创新让自己的企业基业长青。

看待变革的新视角

原用友大学校长、创始人
易明教育创始人
田俊国

《遇墙皆是门——超越变革的阻力》确实是一本通俗易懂的教人克服本能抗拒、拥抱变革、持续开拓新局面的好书。在外部环境加速改变的互联网时代,变革对每个人来讲都是不可避免的课题。人是一个矛盾体,陷入僵化模式会倦怠,创新求变却又会焦虑。要让人结束习惯了的、有了深厚感情的旧模式,转而去适应新模式才是变革的真正困难所在。

西方谚语说:只有尿湿尿裤的小孩喜欢变革(The only person who likes change is a wet baby)。抗拒变革是人之常情。而作者却独辟蹊径地换一个角度看待抗拒,他认为抗拒是一种能量,一种试图减慢或停止改变的能量。根据作用力与反作用力的原理,人们努力战胜抗拒的企图恰恰会激发更大的抗拒。用野蛮的命令和控制的方式促成变革,只能带来更大的抗拒,已然是变革失败的主因。每个人的内心都是天使与魔鬼同在的。天使向往更美好的未来和更大的爱,图谋诗与远方,不忘使命情怀;魔鬼则得过且过贪图享受,只顾当下的苟且,抗拒走出舒适区。如何把抗拒的力量改变方向,转化成建设的力量,才是正确的思考方向,作者在本书中给出了他的实践和建议。

全书的重点聚焦在变革的四部曲。首先谈到如何使变革成为引人入胜的事件，我体会颇深。表面上大家都在变革，但究竟带着什么样的状态参与其中，却只有参与者本人知道。成长型心智模式的人才更合适担任变革领导者，建立共同愿景，制造紧迫感，帮助团队中的每一位成员找到属于自己的参与理由，当人们知道"为什么"的时候，就能自动克服那些"怎么样"的问题。其次，如何迈出正确的一步。万事开头难，勇敢地迈出第一步，并且带领团队用群策群力的方式共同向变革目标迈进，需要的不仅仅是勇气，更需要一些具体的方法和工具的支撑，在这本书里也有很接地气的论述。再次，如何保持变革鲜活。变革常常是系统工程，难的是坚持。在新的模式还没有形成或完全被掌握的时候，人们会面临付出努力很大，做事效率却很低的尴尬局面，变革领导者就要靠持久保鲜和坚持来系统化地推进变革，发展新模式所需要的能力才能度过艰难的爬坡期。最后是回到正轨，新的模式固化下来，从变革态过渡到正常的运作态，完成变革周期。每个变革参与者也恰恰从变革过程中实现能力的转变，拓展出新的能力，最终会体悟到：你所抗拒的实际上是上帝给你的礼物。

实际上，变革是无止境的，正如人的成长是无止境的一样。不愿意停留在低水平重复的人都应该发展自身拥抱变革、主动变革的能力，而这个能力正是本书试图赋予读者的。这本书不仅说理透彻，更提供了很多帮助人们"知行合一"的方法与工具。框架引导，工具落地，才能功德圆满。我刚出版的新作《赋能领导力》的第二章也专讲变革，作者的主张与我的实践心得也多有共鸣，看得出作者的学问确实是从实战中得来的。

本书的译者王雷是我的老朋友，他在IBM的时候参与过多次变革，后来又专门讲变革的课程和为企业进行变革咨询服务，因为很推崇作者的理论与实践，在百忙中翻译了这本书。在商业环境剧烈变化、人人思变的当下，这本书的问世可谓恰逢其时。王雷为中国的读者做了件好事。

译者序

引领团队心智变革
——巨变时代珍贵而稀缺的能力

为什么说它是巨变时代珍贵而稀缺的能力

在当下巨变的时代，企业和个人都必须与时俱进，也就是必然会面对变革，这已成为共识。关于成功或有效的变革，美国通用电气公司根据实践经验总结出了一个变革公式：E＝Q×A（Effectiveness ＝ Quality of solution × Acceptance of solution），有效或成功的变革＝变革方案的质量（事）×团队对变革方案的接受程度（人）。结论是，超过90％变革失败的主要原因都来自"团队对变革方案的接受程度"。这并不难理解，毕竟"事"还需要"人"来完成嘛。此结论也暗合了本书绪论中所引用的名言："不变就不可能前进，不改变自己思维的人，根本无法改变任何事情。"变革失败常常是"心智拒绝被改变"惹的祸①。

---

① 书名《遇墙皆是门——超越变革的阻力》就是指"心智之门"只能由内打开，每当遇到变革阻力时，也意味着有一个门等待开启。你的责任是创造"开门"的适宜环境，目的是"引领"此门由内打开。

2017年,对首席人力资源官心中的核心目标进行了调研[①],结果显示,他们关注得最多的两项任务分别是变革管理(占41%)和领导力发展(占33%)。在选择"变革管理"的首席人力资源官里,他们最为关注的是如何让员工参与(占61%);在选择"领导力发展"的首席人力资源官里,他们最为关注的是如何改变管理者的心智(占40%)。这项调研显示,很多人都已经意识到了"团队对变革方案的接受程度"是成功变革的关键。然而多数人还是顽固地想用规则或流程(事)来解决"人"的问题。比如在变革项目中,试图用项目经理(PM)之外增设变革管理经理(CM)岗位来解决心智或思维转变问题。这些岗位、流程和制度的设置都非常好,但千万不要认为只要把这些"事"做完,问题就解决了。一方面,变革管理经理(CM)自己首先也需要彻底转变心智;另一方面,具有"引领团队心智变革"能力的人才太少了,我们很难找到这珍贵而稀缺的资源。

造成这种现状的原因是以前的管理书籍和培训都集中在"变革方案的质量(事)"上了,目的都是如何"管"人。对于如何"引领"人,关注得太少,"引领团队心智变革"的知识也太少。一旦意识到了这些问题,就会突然发现,本书像一块与众不同的瑰宝,虽被埋没,但其光芒依然能透过缝隙穿透出来。为了把我"捡漏"的兴奋心情分享给大家,我选择了"经济上"根本不合算的做法,历经两年时间,极其认真地把此书翻译给一线的实干家们。我坚信这真是你们最需要,而且是马上需要的知识与技能。我想对被调查的首席人力资源官或企业大学校长们说,这正是你们"众里寻他千百度"的知识。

---

① 信息来源于CEB 2017 CHRO Agenda Poll。

本书的与众不同及如何使用

作者是集组织心理学家、教练、爵士乐手于一身的变革项目一线咨询师。他的书重在解决"知行合一"的问题,虽然书中有很深的心理学知识,神奇的是,作者把全书写得充满了实用色彩。如非一线实战经验已经炉火纯青,根本不可能做到这个水平。

本书第1~2章是绪论部分,主要想告诉大家,心智要成功完成转变,必须要沿着"变革循环周期"的外圈,依次走过六个步骤中的每一个步骤。但在沿着变革周期前进的过程中,有可能会脱离正轨,转向抗拒(也就是脱离正轨转向中心)。

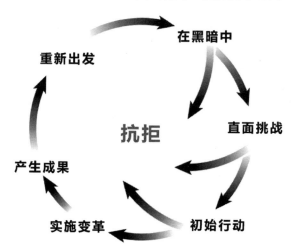

在此模型基础之上,作者通过分析"是什么中断了心智成功向前转变的步伐",使得人们转向了抗拒,从而引出了"变革四阶段理论"。变革循环周期模型和变革四阶段理论虽然非常简单,但却是本书的基础知识,请大家务必将其当作基础公式

一样，充分理解，背熟并牢记心中。

　　第一部分第3～5章讨论的是在"变革循环周期模型"与"变革四阶段理论"基础上，"我们必须先知道该做些什么"。第3章讨论的"该做的"，是我们必须真正理解什么是"抗拒"，进而才有资格与"抗拒"打交道。只有把抗拒分为不同的级别，才有基础分门别类地对抗拒采取不同的"引领"行动，使"抗拒"转化为"支持"。这也是本书精彩和独具特色之处。同样，三级抗拒非常简单，但也是本书的基础知识，请大家务必将其当作基础公式一样，充分理解，背熟并牢记心中。面对抗拒，大多数人通常不知道需要先做三级抗拒分类，而统一采取了下意识的条件反射反应来应对。

　　三级抗拒（与支持）

　　第1级：我不理解它（变革）

　　第2级：我不喜欢它（变革）

　　第3级：我不喜欢你（变革领导者）

　　至此，大家应该清晰地认识到，作者已经潜移默化地为我们的团队建立起了变革管理的共同语言，即变革循环周期模型、三级抗拒和变革四阶段理论。沟通是组织的血液，沟通自然也就是团队变革的血液。团队如果没有共同的语言，说能够做到良好的沟通（注意"沟通"不是"命令"），那基本上是谎言。

　　第4章讨论的"该做的"，是如何识别"条件反射反应"和避免它的发生。第5章讨论的"该做的"，是理解变革的背景和前因后果，因为如果忽略了背景，就会"将自己置于危险境地"。

　　第二部分第6～9章，在知道了"该做的"之后，自然就到了"行"的部分，其重点讨论的是如何"知行合一"，立即做"该做的事",而不仅仅是以"知道"为止。作者以"变革四个阶段理论"为框架,依次展开讨论,我感到这部分与一线实干家贴得更近。

第三部分第10~11章,重点探讨如果读者回到自己的实际工作与生活中,如何灵活运用本书理论,而且要刻意实践。假如大家每天都能进步一点,顺着时间维度放眼未来,通过积累,每个人都可以走向精进,都可以成为专家。(果真如此,"珍贵而稀缺的资源"问题就被解决了。)

变革绪论
基础知识
- 第1章 为什么大多数变革失败了
- 第2章 变革成功必须走过哪些阶段,什么会令它中断

思考知道
该做什么
- 第一部分 知道应该做些什么
- 第3章 人们为什么会支持你,人们为什么会抗拒
- 第4章 条件反射反应的危险
- 第5章 忽视背景,将你置于危险境地

知行合一
实践去做
- 第二部分 知行合一
- 第6章 如何使变革成为引人入胜的事件
- 第7章 如何迈出正确的第一步
- 第8章 如何保持变革鲜活
- 第9章 回到正轨

日积跬步
必达精通
- 第三部分 每次都缩小"知"与"行"的差距
- 第10章 通过"学而时习之"来拓展你的能力
- 第11章 向精通进发

大家可以在地上画出"变革循环周期模型"的大图(也可以在纸上画),再将真实变革项目中的每个利益相关者都标出"三级抗拒"的级别(注意:要多设一种无抗拒的人)。可以用小的道具,例如一块橡皮代表一个人(也可以把相关利益者直接写在大图上)。抗拒级别越高,可以放在越靠近圆的中心区域(以表示此人正在脱离"心智成功完成转变"的正轨。对这些人需

要采取行动,使得下次再摆放沙盘时,他们会移回到正轨)。当把每个人都放进图中的六个步骤中时,我们眼前就呈现出一幅变革利益相关者"思想是否统一,步调是否一致"的立体景象,这是项目相关者心智变革状态的现实景象。如果定期(比如每月)摆放这个沙盘,就能观察到大家思维转变的动态变化过程,这真是一件很有意思的事情。

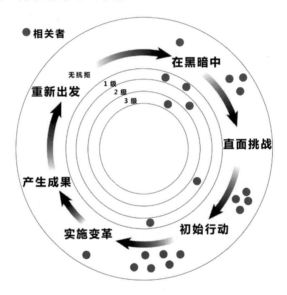

以"变革四阶段理论"核对一下,看看落在哪个阶段的人多,就可以做相对应阶段的"知行合一"行动(例如,靠近圆的中心区域人多,就需要做"回到正轨"中所提到的行动)。这样的定性分析(在管理中,定性分析可能比定量分析更准确),使得变革行动总是有的放矢。这是企业进行变革复盘时可以采用的沙盘工具,也是行动学习可以采用的好工具。

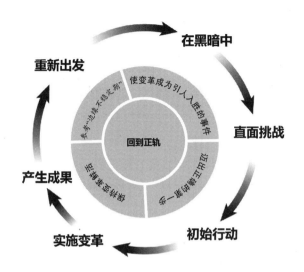

本书像是引领团队心智变革者的手册,我建议大家最好先将整本书通读几遍,然后把目录当作菜单,在实际工作中遇到了什么问题(例如沙盘推演后发现的关键问题),就在菜单中找到相对应的内容作为指导,并以此为中心,也就是以实际变革场景为中心,再次展开阅读。这也是为什么在本书的目录中,我们特意展出了五级目录。当你阅读完本书时,如果你再刻意把本书目录认真阅读四到五遍,你一定会有意想不到的收获。请相信我的诚心诚意(我自己已多次验证过这个方法),试试这样的阅读方法吧。

最后,我认为读懂书中的"采访"部分,需要具有心理学的知识,但只要读懂了,总能产生"啊哈"时刻。如有兴趣,请大家不妨多读并仔细体验。

感谢

首先要感谢合得国际(合得国际已将此书理论成功地运用

到了自己的培训当中)创始人兼首席执行官李青青(Julia Li)，北京厚德人力资源开发有限公司总经理田力。没有你们，我不可能接触本书的知识，也不可能发现和翻译本书，谢谢你们的热心和大力帮助！特别感谢合得国际专家 Christian Harpelund，没有你我不可能认识里克·摩恩，并顺利得到他的翻译授权，谢谢你的慷慨支持与热心！

感谢宋泽宁老师，刘承琳和王茜同学在学习和工作之余为本书初期翻译所做的辛苦工作。特别感谢好朋友、高管教练程训俪，她是阅读我的翻译手稿的第一个人，利用假期时间义务帮忙，认真地把手稿与原文逐一核对，以她的经验帮我改进了不少不妥之处。感谢合得国际的合伙人肖晔，作为变革管理课的讲师，她以专业态度仔细阅读了翻译手稿，提出了很多有益的建议。感谢获得全球变革管理专业协会(ACMP)首批认证的变革管理专家李龙乔女士给予的专业建议。特别感谢本书责任编辑陆浥晨，她的专业精神让本书更具价值。

最后，感谢妻子和儿子给予我的鼓励和支持！你们的爱永远是我变革前行的动力。

王雷

目 录

第1章　为什么大多数的变革都失败了　/1

管理者常犯的4个重大错误 ………………………… 3
　　错误1：假设理解等于支持和承诺 ………………… 3
　　错误2：低估员工（和管理层）参与度的
　　　　　 潜在力量 ………………………………………… 4
　　错误3：未能意识到恐惧的力量 …………………… 4
　　错误4：未能意识到对领导者稍微缺乏信任
　　　　　 和信心就能扼杀一个好的设想 …… 5
好消息 ………………………………………………………… 6

**第2章　变革成功必须走过哪些阶段，什么会令
　　　　它中断　/8**

变革循环周期 ……………………………………………… 9
　　在黑暗中 …………………………………………………… 11
　　直面挑战 …………………………………………………… 11
　　初始行动 …………………………………………………… 12
　　实施变革 …………………………………………………… 13
　　产生成果 …………………………………………………… 13

重新出发 ································· 14
是什么中断了前进的步伐 ······················· 15
变革的阶段 ································ 21
　使变革成为引人入胜的事件 ··················· 21
　迈出正确的第一步 ························ 22
　保持变革鲜活 ···························· 23
　回到正轨 ································ 24
　重新出发 ································ 25
创造变革的条件 ···························· 26
架起"知"与"行"之间的桥梁 ···················· 28

第一部分　知道应该做些什么

第3章　人们为什么会支持你，人们为什么会抗拒　/31

什么是抗拒？ ······························ 32
　保护 ···································· 34
　能量 ···································· 35
　一个悖论 ································ 35
　一次舞蹈课 ······························ 37
为什么人们会抗拒你 ························ 38
第1级：我不理解它 ························ 38
　第1级抗拒的风险 ························ 40
第2级：我不喜欢它 ························ 41
　第2级抗拒的风险 ························ 42

第3级：我不喜欢你 ··· 43
    第3级抗拒的风险 ······································ 44
三个级别抗拒的积极面 ······································ 45
    把第1级、第2级、第3级抗拒的积极面都
    结合起来 ·· 46
如何识别抗拒 ·· 48
    困惑 ·· 49
    立即批评 ·· 50
    否认 ·· 50
    恶意顺从 ·· 52
    蓄意破坏 ·· 53
    轻易赞成 ·· 53
    沉默 ·· 55
    公开批评 ·· 55
架起"知"与"行"之间的桥梁 ································ 56
采访彼得·布洛克 ·· 57

第4章　条件反射反应的危险　　/60

条件反射性反应 ·· 62
    防御性地使用权力 ·································· 63
    操纵那些反对者 ···································· 63
    理性的力量 ·· 64
    忽视抗拒 ·· 65
    玩弄关系 ·· 67
    做交易 ·· 67

杀死真话信使 ················· 68
太快屈服 ····················· 68
为什么条件反射反应很少起作用 ······ 69
　条件反射反应假定你是对的别人是错误的 ··· 69
　条件反射反应加剧了抗拒 ············· 69
　取胜很可能是不值的 ················ 70
处理你自己的条件反射反应 ············ 72
架起"知"与"行"之间的桥梁 ············ 72
采访杰弗里·贝尔曼 ··················· 73

第5章　忽视背景，将你置于危险境地　/76

为什么我们会忽视背景 ··············· 77
苹果坏了，还是装苹果的桶坏了？ ········ 79
看到背景 ·························· 81
　与引领变革相关的组织文化 ··········· 82
　　披着羊皮的X理论 ················· 85
　　创建有误导性的X ················· 86
　　我们在哪里：X理论或Y理论 ········· 88
　　寻找什么 ······················· 88
　　对上述问题的诠释 ················ 90
　　如果你相信X理论是事实，该怎么办？ ··· 91
　　如果你相信Y理论是事实，该怎么办？ ··· 92
　周围环境的切换 ··················· 93
　　常见的觉察 ····················· 95
　　不常见的觉察 ··················· 96

作为变革领导者,你的心智模式 ………… 98
架起"知"与"行"之间的桥梁 ……………… 102

第二部分 知行合一

第6章 如何使变革成为引人入胜的事件 /107

多数成功的变革有哪些共同点 ………… 108
使变革成为引人入胜的事件意味着什么? … 109
需要避免什么 ……………………… 111
 把"如何做"移到"为什么"之前 ……… 112
 神话一样:我需要做的就是"告诉他们"…… 113
 总是要迟到了,要赶不上了 …………… 114
 一种信念:你能够强迫别人做事 ……… 114
 不舍得磨刀时间,浪费了砍柴时间 …… 115
 让团队学会你自己的专业语言 ……… 116
 只依赖最常用的三种沟通方式 ……… 116
怎样才能使变革成为引人入胜的事件 ……… 118
 厘清今天你所处的位置 ………………… 118
  问题1:你自己所在的团队对变革有紧迫感吗? ……………… 119
  问题2:还有谁也需要感受到变革的紧迫性? ………………… 120
  问题3:你与他人所看到的现状的差别是什么? ……………… 122
 使变革成为引人入胜的事件的五步骤 … 122

　　　　步骤1：回顾一下应该避免什么 …… 123
　　　　步骤2：问自己一个问题 …………… 124
　　　　步骤3：用"头脑风暴"来汇集各种
　　　　　　　方法 …………………………… 125
　　　　步骤4：决策,选择一个恰当的方法 … 126
　　　　步骤5：强化紧迫感的消息 ………… 127
　　架起"知"与"行"之间的桥梁 ……………… 129
　　　　显而易见的解决之道 ………………… 129
　　　　缺乏知识 ……………………………… 130
　　　　缺乏技能 ……………………………… 130
　　　　相互矛盾的信念 ……………………… 130
　　　　背景 …………………………………… 131
　　如何知道你已使变革成为引人入胜的事件 …… 132
　　　　聆听暗示 ……………………………… 132
　　　　邀请提问和建议 ……………………… 132

第7章　如何迈出正确的第一步　/134

"如何迈出正确的第一步"意味着什么？…… 136
需要避免什么 ……………………………… 139
　　过于关注"事" …………………………… 139
　　没有后续跟踪 …………………………… 140
　　错误的参会人 …………………………… 141
　　把出席默认为参与 ……………………… 141
　　送书给大家 ……………………………… 142
　　全员统一式培训 ………………………… 142

乏味的稀释果汁 ·················· 143
　如何迈出正确的第一步 ············ 144
　　让大家深度参与到进程中 ········ 144
　　为制订变革计划提供一个框架 ···· 145
　　　愿景或方向 ···················· 145
　　　贯穿始终的基准标杆 ············ 146
　　　解决利益冲突 ·················· 147
　　　应急计划 ······················ 149
　　　沟通 ·························· 153
　架起"知"与"行"之间的桥梁 ······ 154
　　显而易见的解决之道 ············ 154
　　缺乏知识 ······················ 154
　　缺乏技能 ······················ 154
　　相互矛盾的信念 ················ 155
　　背景 ·························· 155
　如何知道迈出了正确的第一步 ······ 156
　采访卡罗林·路肯斯梅尔 ·········· 158

第8章　如何保持变革鲜活　/163

保持变革鲜活意味着什么？ ·········· 164
需要避免什么 ······················ 166
　想当然地把这个任务当成普通工作 ···· 166
　授权热情 ························ 167
　让本该淘汰的项目再活起来 ········ 167
　忘了提醒人们"使变革成为引人入胜的

事件"的必要性 ·········· 169
怎样才能保持变革鲜活 ·········· 169
 你自己需要做到什么 ·········· 170
  你必须是这个变革的捍卫者 ·········· 170
  你需要一份明确的合约 ·········· 170
  允许自己被影响 ·········· 171
  兼顾权力与政治 ·········· 172
  对进程的保护 ·········· 173
 把需要你确认要做好的事情做好 ·········· 173
  象征性行为 ·········· 174
  以恰当的速度工作 ·········· 175
  主人翁精神 ·········· 175
  资源 ·········· 175
  奖励 ·········· 176
 确保授权有效 ·········· 176
 创建一份合约 ·········· 178
  对产出成果达成共识 ·········· 178
  具体的里程碑和完成日期 ·········· 178
  资源 ·········· 179
  预见小故障 ·········· 179
  回顾检查 ·········· 180

为未来培养能力 ·········· 180
 事后报告(AAR)法 ·········· 180
  一份事后报告中通常涵盖以下几个基本问题 ·········· 181

为什么"事后报告"有可能会失败 …… 181
已具有变革能力的组织可能会发生什么 …… 182
架起"知"与"行"之间的桥梁 …… 185
    显而易见的解决之道 …… 185
    缺乏知识 …… 185
    缺乏技能 …… 185
    相互矛盾的信念和背景 …… 186
如何描述成功做到了保持变革鲜活 …… 187

第9章　回到正轨　/189

回到正轨意味着什么？ …… 190
需要避免什么 …… 191
    假设只要继续推进，事情就会好转 …… 191
    采取强硬手段 …… 191
    止于抓住第一个征兆不放 …… 192
怎样才能回到正轨 …… 192
    留意信号 …… 192
    与抗拒一起工作 …… 193
    第1步：评估发生了什么事 …… 193
        嘀咕声 …… 194
        洗手间里的谈话 …… 195
        在面对面会议之前先征求大家的反馈 …… 195
        让大家容易发表意见 …… 196
        回看正式调研结果 …… 197

非正式调研问卷 ·················· 198
焦点小组 ······················ 200
我问了什么问题? ················ 201
保持专注 ······················ 201
当展开面对面的会议时 ············ 202
第 2 步:分析你刚刚学到的东西 ········ 205
第 3 步:在你理解的基础上采取行动 ····· 206
把群策群力当成一种行动方法 ······ 209
架起"知"与"行"之间的桥梁 ············ 211
显而易见的解决之道 ·············· 211
缺乏知识和技能 ················ 211
相互矛盾的信念 ················ 212
不同的背景 ···················· 213
如何描述已经回到正轨了 ·············· 214
采访玛格丽特·惠特利 ················ 214

第三部分 每次都缩小"知"与"行"的差距

第 10 章 通过"学而时习之"来拓展你的能力 /219

与自己的团队一起运用 ················ 220
教授"变革循环周期"和"三级抗拒" ······ 221
当你计划和实施变革时,使用这组镜头 ···· 221
对变革的方法进行评估 ················ 222
使变革成为引人入胜的事件 ·········· 222
迈出正确的第一步 ················ 223

　　　　保持变革鲜活 ·············· 224
　　　　回到正轨 ················ 225
　　　与咨询师一起运用 ············· 226
　　　　保持变革鲜活 ·············· 227
　　　运用在选择变革领导人上 ·········· 229
　　　运用在指导变革领导人上 ·········· 230
　　　指导自己的行动 ·············· 231

第 11 章　向精通进发　/233

　　转换意图,改变结果 ············· 235
　　　1. 理清你的意图 ············· 236
　　　2. 发现你的模式 ············· 237
　　　3. 做一次实际检验 ············ 238
　　　4. 打开引擎盖 ·············· 238
　　　5. 寻求你需要的帮助 ··········· 240
　　　6. 确定如何强化这种新的思维方式 ···· 241
　　采访罗伯特·凯根和丽莎·拉斯考·拉海 ··· 243
　　培养所需技能 ················ 247
　　　刻意实践 ················· 248
　　　实践 IAG(识别—分析—归纳) ······· 249
　　　行动学习 ················· 251
　　　实验 ··················· 252
　　为刻意实践获得所需的支持 ········· 254

资源　/255

作者简介　/256

第1章

为什么大多数的变革都失败了

> 不变就不可能前进,不改变自己思维的人,根本无法改变任何事情。
>
> 萧伯纳(George Bernard Shaw)
>
> 剧作家、评论家

当我 1995 年撰写本书时,大约 70% 的组织变革都失败了。近期的研究显示,变革的失败率依然保持在 70% 左右①。

这些数据发人深省!

20 世纪 90 年代初至今,关于如何引领和管理变革的文章

---

① Scott Keller, Carolyn Aiken. *The Inconvenient Truth About Change*. New York: McKinsey & Company, 2008.

及书籍可谓汗牛充栋。我仅在亚马逊网站上搜索"变革管理",就出来了1 318个结果。在过去的15年里,大多数大型咨询公司都已经投身于变革管理的实践当中。为了应对变革的挑战,一些精品咨询公司也应运而生。

无论哪个组织的管理者,如果没有参加过变革管理的培训,或者没有读过引领变革方面的书,那都是不可能的。

相关信息这么多,你可能会认为我们现在已经相当擅长变革了,但现实并非如此。

那么,到底是怎么回事?

这是一个困境。我在为管理者引领变革提供咨询中发现,大多数管理者都知道如何做好计划和引领变革项目。但他们在把所知道的知识转化为行动的过程中出现了问题。杰费里·菲佛(Jeffrey Pfeffer)和罗伯特·萨顿(Robert Sutton)用"知行差距"(the knowing-doing gap)[1]这个新术语来描述管理者知与行之间的巨大鸿沟。

这是一个高成本的鸿沟。

事情也许正在变得更糟。首席执行官们发现,对变革的期待与变革管理能力之间的差距正在日益加大[2]。

必须要一起计划和实施变革的各个团队往往相距甚远,位于不同的大洲、隔着几个时区。在当下,引领变革变得更加困难了。

---

[1] Jeffrey Pfeffer, Robert Sutton. *The knowing-Doing Gap*. Boston: Harvard Business School Press, 2000. 这是本有吸引力的书,值得你花时间去读。(中文版书名为《管理者的误区》)

[2] Hans Henrik Jorgensen, Lawrence Owen, and Andreas Neus. *Making Change Work*. New York: IBM, 2008: 7.

伴随着每次变革失败,对变革的讥讽不断累积,这使得下一次变革变得更难开展。每一次变革失败都意味着错失良机和开始时就错了,我们还要花时间和有限的资源去管理抗拒与冷漠。失败成本太高,多数组织根本负担不起多次失败。

管理者常犯的 4 个重大错误

错误 1:假设理解等于支持和承诺

向一大群人介绍变革的普遍方式是进行一次幻灯片演讲。

领导者可能会安排问答环节,但是他们从听众那里得到的往往是很客气的问题。毕竟,谁会愿意告诉老板他们的主意不好呢?人们已经学会在评论时只讨论时间进度和预算问题,他们知道这些是安全的问题。不同意见或恐惧都在私下讨论,只有在走廊里或拼车时才会说出来。

由于领导们看到大家已经问了这么多的问题,所以他们相信与会者可能对此感兴趣,并且已经做好准备去努力实现变革。因此,那些可能会扼杀或伤害这个变革项目的真正问题没能进入领导者的视野。

在几年前我主导的一项研究中惊奇地发现,"未能使变革成为引人入胜的事件"是变革失败或变革脱离正轨的最大原因。

为了获得对新项目的支持与投入,"使变革成为引人入胜的事件"似乎是最重要的一项任务。然而,这也是在变革生命周期中最容易被忽视的任务。

 工具箱:关于这个研究成果,可访问 www.askaboutchange.com,搜索 change study results。

错误2：低估员工（和管理层）参与度的潜在力量

许多组织的变革是强加给人的。管理者和员工被告知当前有一场危机（或者一个必须立刻抓住否则稍纵即逝的重大机会）。他们被告知组织将如何应对这场威胁或机会，什么时候开始，目标和基准标杆有哪些，对他们的期望是什么。

从变革设想到形成计划，几乎没有任何空间让任何人对变革的任何环节施加影响。

偶尔这样是可行的，但是成本很高。盖洛普对员工参与度进行了广泛的研究，得出如下的结论："在普通的组织中，高参与度员工与主动不参与的员工的比例是1.5∶1。在世界级组织里，这个比例接近8∶1。主动不参与的员工腐蚀着组织的底线，同时在变革的进程中还破坏着同事们的积极性。盖洛普估计，在美国，仅生产率损失这一项成本就会超过3 000亿美元。"[①]

组织口头上强调参与度，但是很少有人知道世界级组织到底是怎样实现8∶1这个比例的。

错误3：未能意识到恐惧的力量

对变化的恐惧是具有强烈个体性的。一想到变革，就联想到职位变动或组织缩编的画面。人们担心自己可能会被裁员，也会担心自己的家庭和事业受到影响。

个人的恐惧胜于组织变革的需要。当恐惧被触发时，人类吸收信息的能力就会下降。换句话说，即使努力尝试，人们还是听不到管理者们在说什么。这就是"恐惧"要完成的工作。

---

① www.gallup.com.

一些机构对此提供了研究成果，他们的结论是，一定比例的人会是新事物的早期接受者，其他人则是晚期接受者①。这一研究结果好像是说，我们没有任何办法可以让更多的人为实现变革而兴奋，从而提高早期接受者的比例。

还有管理者应用"临终和死亡的五阶段方法论"（stages of death and dying）②。他们假设人们会先进入否认阶段，之后进入愤怒阶段，再进入讨价还价阶段，然后进入失望阶段，最后接受变革。管理者能做的只有"等待"，直到人们的负面情绪发泄完毕③。（顺便提一下，即使是面对真正的死亡，这些对悲伤的阶段性划分对于大多数人来说似乎也极少适用。）

这种观点做了一个错误的假设，即所有的变革都是正确的，管理者知道什么是最好的，而且员工一旦认识到他们的"奶酪"已被移动，所有的事情就都万事大吉了。管理者对员工的态度是家长式的、居高临下和傲慢自大的。这些管理者最好穿上件T恤衫，上面印着：相信我，我知道什么是最好的——现在赶紧回去工作。

错误4：未能意识到对领导者稍微缺乏信任和信心就能扼杀一个好的设想

对于变革来说，成也信任，败也信任。但可悲的是，许多引

---

① 译者注：很多管理者相信埃弗雷特·罗杰斯在其《创新的扩散》中所说的，变革早期接受者的比例是 13.5%。作者认为管理者完全有可能提高这个比例，而且在实践中，作者也经常看到这样的事情发生。
② 译者注：此五阶段方法论的作者是 Dr. Elisabeth Kübler-Ross 医生。
③ 译者注：管理者不用做任何事情，只等"否认""愤怒""讨价还价""失望"这些坏事依次出现，之后，"接受变革"就自然到来了。

领变革的人似乎忽视了这个极其重要的因素。他们相信一个好设想会赢得天下，其实不会。

如果人们不信任我们，凭什么会跟随我们呢？答案是，没有信任，大多数人不会跟随我们。如果大家信任我们，我们得到的益处通常是他们开诚布公的质疑。如果我们犯了错，大家也会理解，毕竟我们也是凡人。但是如果信任等级低，他们将会聚精会神地聆听，只是为了在我们的言语中捕捉任何显示我们要把他们置于险境的信息。

好消息

当你读着这一串重大失误的时候，你可能已经在不断地点头（放心吧，这儿只有你自己，别人看不到的）。如果是这样，不要难过，很多人跟你是一样的。好消息是：无需很多额外的成本或努力你就能避免这些错误。

即使大多数变革失败了，我们还是可以向能持续成功变革的人学习。

我对确定本书的副标题是非常认真的：**70%的变革失败率居高不下——我们可以做些什么**。

在本书的第一部分，我将提供一个方法，让你用与过去不同的视角去看待变革。你会从中看到自己，有时候你可能会不寒而栗，认识到："嗯，他所谈论的就是我呀！"有时候你也会看到为什么你做的事情会获得如此大的成功。如果你能保持开放的心态，你可以从自己的错误和成功中学到很多东西。

本书的第二部分包括计划和实施变革的方法。你将有机会查看一下自己引领变革的实操能力。你和你的组织是否有阻碍你变革能力的潜在信念？你的心智模式或意图是在推动变革，还是在阻碍变革的成功？如何有效地提高员工参与度？最后，你"知"与"行"的差距在哪里，如何才能弥补这一差距？

在第三部分，我将介绍一系列学以致用的方法。你可以把第10章当作一本菜谱来用，它能够为你的团队协作、评判外部顾问，以及拓展你前面所学提供建议。第11章介绍如何不断提升你的引领变革的能力。当你从第2章读到第9章时，我认为你已经具有相当的能力发现你今天就可以应用哪些方法。在如何实现精通方面，引领变革与有能力表演贝多芬的奏鸣曲，或者有能力在温布尔登网球公开赛的中央球场上比赛没什么不同。这需要扎实的实践。

哦，还有那四个重大错误吧，你在下个章节就可以学习如何避免这些常见错误的方法。

好，让我们开始吧！

第2章

变革成功必须走过哪些阶段，什么会令它中断

> 你们这些哲人是幸运的，你们只需写在纸上，纸就接受了。作为女皇的我是不幸的，我面对的是众生，他们都有敏感的情感。
>
> 凯瑟琳大帝（Catherine the Great）

Ajax纸业（虚构的名字）的管理层意识到，为了生存他们不得不提高产品质量和生产率，因此决定发动一个需要员工高度参与的变革。这遭到了工会的抗议，并且关闭生产设备长达六个月。

20英里外的一个竞争对手Beta公司也面临相似的挑战，

第2章 变革成功必须走过哪些阶段，什么会令它中断

但他们却采取了截然不同的做法。Beta公司总部同意提供资金来支持改进变革，但前提条件是各工厂的管理层必须与六个工会达成合作协议。

Ajax没有预料到支持的重要性和抗拒的力量。看看工会以往的做法，我们就可以知道它们绝不可能接受这样一个单边的、剧烈的、会对工会成员产生影响的决定。Beta的管理层比Ajax的管理者们更加明白这个道理。他们知道，除非得到各方支持，否则变革的成功率会很小。

在这一章里，我们将讨论变革循环周期①（the cycle of change）。它描述了让变革由初始到发展成形、让能量有不断积蓄过程的必要性。能量能让大家行动起来，而行动才能让大家成功地走完整个变革过程。当你思考用什么办法引领变革走向下一步时，你会发现"变革循环周期"将会是很好的资源。你还会得到这样的知识，当变革发展到变革循环周期的某一个阶段时，你会知道将发生什么，以及必须得到哪些人的哪些支持。我将使用Ajax和Beta公司作为案例，介绍变革循环周期。

变革循环周期

如果知道变革总是遵循这个周期运转，我们就很容易预测在变革生命周期的任一节点上要做什么。一旦知道了我们处于变革循环周期的具体位置（如下图所示），对于如何做也就有

---

① 我采用了克利夫兰完形研究所（Gestalt Institute of Cleveland）的变革循环周期模型，它来自"经验创建的循环周期"（cycle of experience created）理论。

了很多选项。Ajax 纸业未能把握变革循环的自然发展,而 Beta 公司则完全理解了这个规律。

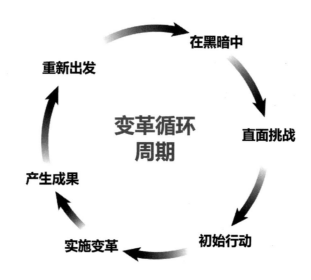

变革循环周期

(经许可,该图引自克利夫兰完形研究所的研究成果。)

变革循环周期可以帮助我们发现:

- 变革生命周期遵循的自然次序;
- 是什么中断了自然次序的发展;
- 没有什么是永恒的;
- 各种策略的可能结果。

变革循环周期能让你知道,在引领变革的整个过程中,哪些选择是最有效的。

第 2 章　变革成功必须走过哪些阶段，什么会令它中断

在黑暗中

当变革循环周期开始时，关于变革必要性的信息是很少的。但是随着一些零碎的信息在意识中汇集拼接，我们的想法逐渐清晰起来。或许这些数据本就摆在我们面前，但某个事件才促使我们看到了数据背后的意义。也或许是因为新的信息出现了，比如销售报表变化、竞争对手开发了吸引人眼球的新产品、国家安全面临新威胁、社区人口结构发生变化引发了对新服务的需求……如何获得信息不是问题的关键，关键是你从黑暗走向了光明。

在纸业工厂的案例中，也许会有一些关于质量问题以及急需维护的设备的报告。当这两家公司的高管层都意识到了有问题时，大多数员工还处在"在黑暗中"，他们并没意识到这是问题。

直面挑战

这个阶段就是一个"啊哈"时刻，即人们认识到有个问题必须要解决或者有个机遇必须要抓住的时刻。在 Ajax 公司，总部的高管层看到了面临的挑战，并且立即进入"实施变革"阶段，把工厂的管理者和员工都甩在了后面。

而在 Beta 公司，总部高管层开诚布公，使得每个人都有机会直面挑战。

"直面挑战"是变革循环周期中最关键的阶段。当组织的利益相关者看清了组织所面临的调整，就可以联合大家一起顺着变革循环周期向前发展。组织顾问凯茜·达尼米（Kathie

Dannemiller)描述了当所有人对一个事情的重要性达成共识后所发生的变化①。这一变化发生后,人们看问题的视角转变了。这种转变不仅仅是理智的,也是出于本能的。利益相关者开始从别人的视角观察现实世界。这种转变才能使我们凝聚在一起,大家看到并且**感受到**集体行动的必要性。

这个节点是变革生命周期中最重要的一个节点,但可悲的是,它也是最容易被忽视的节点。第6章"如何使变革成为引人入胜的事件"将解释为什么这个节点会被忽视,以及如何解决这一问题。

顺便说一句,一个组织进行变革前并不是需要所有的人都直面挑战。100%当然好,但它不可能发生。重要的是要有足够数量的人直面挑战,变革才能推进到下一步。至于直面挑战的人应该包括哪些人,数量达到多少才算足够——这些问题只有你自己才能回答了。

初始行动

一旦我们直面了挑战(或机会),能量就生成了——我们想要忙活起来,想要去做事情。Ajax公司的最初行动是单方面的,高管层希望开展"初始行动"。高管们看到了问题并口头布置了新项目,但他们没有尽心去提高员工们的认知。在Beta公司,高管层决定尝试带领大家走出黑暗,让员工自己也感受到挑战。他们提出了问题:管理层和六个工会是否可以合作,一起拯救工厂?只有在大多数个体已经看到现状是多么险恶之后,这些对话才能发生。一旦这些发生了,他们就可以开始

---

① 当我1995年准备写本书的第一版时,与凯茜达尼米的私人谈话。

典型的"初始行动"了,例如定义目标、制订计划、设定基准,等等。如果 Beta 公司也尝试把计划强加给仍处在"黑暗中"的人们,他们可能也会面临与 Ajax 公司同样的麻烦。

实施变革

在这个阶段,设想被实施。例如,宣布公告:1月2日,我们将使用新的软件。

在 Ajax 公司,他们宣布了一个计划并试图迅速"实施变革",但是他们失败了。在 Beta 公司,管理层和六个工会签署了一个协议,他们同意相互合作来制订计划,将工厂带到健康状态。没有合作,"实施变革"就仅仅是一句空话。

实施变革阶段有时候会与胜利混淆。1月2日,大家已经切换到新的软件上工作了,容易认为大功告成了。其实,"实施变革"不过是轻敲开关,宣告"已经开始了"而已。"实施变革"是变革生命周期中的重要阶段,但却不是工作的结束。之前做了这么多的努力,需要看到成果才行。

产生成果

在"产生成果"阶段,变革已成为业务的组成部分。Ajax 公司从来没有接近这一阶段;Beta 公司却一直在朝这个方向努力。一旦 Beta 公司达到促进生产力和提高质量的目标,变革本身就结束了,也就产生了一个需要有效管理的新常态。

如果将变革比作童话故事,那么"产生成果"阶段很像以"最终他们会快乐幸福地生活下去"作结尾。但现实却不是这样,只要生活继续,变革就会继续。

重新出发

没有什么是永恒的，即使是最好的计划最终也会失效。当Beta公司管理层试图引进一项新技术，或者因国外的竞争需要大幅削减成本时，他们与工会的关系可能会变得紧张起来。如果真是那样，那么管理层需要意识到，在今年运行良好的举措，随着情况变化，也许明年就需要修正或者抛弃了。

从"产生成果"到"重新出发"的转化过程非常重要。通常我们固守一个想法的时间过长了。并不是说原设想不好，只是它到了该被淘汰的时候了。

当我1995年写本书第一版的时候，书里有下面的故事。

> IBM曾经主宰计算机产业，却在20世纪90年代初期面临困境。许多观察家把原因归于公司没能将业务从大型机转移到个人电脑领域。马克·思塔尔曼在《华尔街日报》上写道，IBM的确对市场的变化做出了变革回应，但它没有意识到必须采取新的工作方法才会有效。IBM没能在"成果期"后再次推进到新变革开始期。有一段时间，IBM看起来好像回到了领导地位。通过一系列事件，IBM找到了正确的新想法：与研发公司联盟，并且在直售方式外与分销商合作。但是IBM灾难性地回到了旧的规则中，回到了大型机的规则中。这不但窒息了个人电脑这个"新生儿"，也牺牲了IBM的领导地位。IBM本可以针对分散且独特的电脑行业培育独立的商业模式。但由于

要求标准化软件设计,IBM 培育独立商业模式的能力都被扼杀了。①

2010 年初,当我写本书的修改版时,故事还在继续。IBM 意识到了自己正在失去一个重大的机会。他们满怀激情进入了个人电脑市场,并且精心设计和开发出了受人尊敬的产品。当看起来似乎已经实现了目标时,IBM 将 PC 机业务出售给了联想集团,变革周期在循环转动。

一个变革的生命结束了,你就得转向新的不同的事物,或者你可以将变革循环看作是螺旋式的,每次新变革都是建立在上一次变革的基础上(这有助于避免"昙花一现"综合征)。比如,一些组织在 20 世纪 80 年代开始实施质量变革,当他们认识到质量变革周而复始,而且一些工具已经过时的时候,这些组织并没有抛弃质量提升,而是在已有变革上继续提升。一些公司使用"六西格玛"——一个基于第六个标准差的质量提升流程。当这个流程开始产生成果时,它们又认识到可以精简这个系统,所以它们又增加了精益生产流程。变革一直在继续。

是什么中断了前进的步伐

苏斯博士(Dr. Seuss)错了。在他的经典儿童读物《绿鸡蛋

---

① Rick Maurer. *Beyond the Wall of Resistance*. Austin, Tex.:Bard Press,1996:121-123.

和火腿》(*Green Eggs and Ham*)里,"我是山姆"①(Sam-I-Am)坚持不懈地纠缠无名的主角,直到那个人最终同意并吃了绿鸡蛋和火腿②。然而,在现实生活中,"我是山姆"的做法并不怎么奏效,它通常会对你的设想形成阻碍。不幸的是,许多公司管理层都将"我是山姆"当作一个学习榜样。

变革破坏了常态。就像亚瑟·琼斯(Arthur Jones)所说,"所有的组织都是为了得到他们原来想要的成果而做出最佳设计"③。任何关于变革的建议都会破坏已有的最佳常态。即使你已经看到组织机能失调或者你已经看到了新的机会,但是其他人却不这样看。除非你可以用"使变革成为引人入胜的事件"来论证变革的必要性,否则在变革途中的每一步都将遇到抗拒,人们不愿意把六个月的时间投入一个变革项目中。大家会相互说,"哇,是我错了。上次如果没有(填上你的名字)超水平的领导,我们该怎么办?不过我们总是有运气的,他还会拯救我们的"。

工具箱:文中提到的"所有的组织都被最佳设计",如果想对系统性思维有个快速的总览,请访问 www.askaboutchange.com.搜索 syesystems thinking。

我们需要听到抗拒的声音。虽然在当时可能难以接受,然而对变革的抗拒也可能是一件大好事。那是因为并非所有的设想都是好主意,你和我都会时不时地产生令人讶异的愚蠢设

---

① 译者注:《绿鸡蛋和火腿》书中人物的名字。
② Theodor Seuss Geisel. *Green Eggs and Ham*. New York: Beginner Books,1960.
③ David P. Hannall Arthur Jones. *Designing Organizations for High Performance*. Reading,Mass.: Addison Wesley,1988:36.

想。我们要用开放的心态接受视角不同的人的批评。如果能聆听否定者的声音,许多错误的想法本可以在实施前被叫停。无论是商业还是国际政治领域,这类案例不计其数。当业务部门的员工、主管、中层经理告诉我,他们的组织正在做的变革根本没有任何成功的机会时,我不再像以前那样感到惊讶了。对于为何不能成功,他们给出的原因是令人信服的。我就纳闷了,为什么就没有人听听他们的意见呢?

> 有些时候我们需要听到抗拒的声音,才知道我们的计划注定失败。在《愚蠢进行曲》(The March of Folly)这本书里,芭芭拉·杜希曼(Barbara Tuchman)描述了许多这样的情景,领导者未能看到显而易见的警告信号。例如,在1685年,路易十四(Louis XIV)取消了庇护新教徒胡格诺派的南特敕令(Edict of Nantes),也因此打开了迫害他们的大门。全国对此称道。即使在路易十四去世后,这也被认为是他最值得称赞的行为之一。对此唯一提出异议的是国王的首席顾问多芬(Dauphin),他警告国王说撤销该法令可能导致大规模的移民并会危及商业。国王根本不听,但好在他也没有砍下多芬的头。
>
> 结果是灾难性的,成千上万的熟练技工逃离了城市,很多地区人口骤减。其他国家用诱人的税收优惠张开双臂欢迎胡格诺派教徒,在欧洲,对抗法国的新教教徒联盟势力得以增强。在法国国内,新教徒持续加强信仰,这导致了他们与天主教更为严重的分离。撤销法令使人们开始思考是否要赋予君主绝对权威(之后第三代君主政体在法国大革命中被推翻)。在杜希曼指出的所有例子中,警告信号不仅很清

> 晰，而且重复多次。在相当长的时间内人们都不倾听这些警告信号是失败的原因所在①。

但是我也能理解为什么管理者不愿意听到坏消息。我们大多数人讨厌抗拒。一提起这个词就激发出大量消极的想法——恐惧、反对、冲突、麻烦、痛苦、恼怒、怀疑。因为人们认为抗拒是如此消极，所以想要尽快地克服它。

抗拒变革的另一个原因是，人们（包括我自己）一想到变革就会有种本能的反应。换句话说，我们可能同意变革想法本身，但是由于我们的恐惧太强烈了，以至于我们在行为上会抗拒变革。那为什么又说抗拒是好事呢？因为抗拒是一种可以用来支持变革的能量，只是目前此能量困在我们的抵制反应里了。知道何为抗拒有利于找到将抗拒转化为支持的方法。在接下来的几章将会谈到关于这方面的更多内容。

在关于抗拒主题的许多文章里，字里行间都可以看出**人们想要战胜抗拒，这个观点是错误的**。它将使你陷入深深的麻烦之中。试图去战胜抗拒往往会使事情变得更糟。以下是我观察到的几个事例：

- 合并没有真正实现，因为人们几乎没有去倾听那些生活将被此变革改变的人的担心和想法。合并在合同上完成了，但新的组织没有从联盟中获得任何收益。
- 一个新产品还没出生就胎死腹中了，因为鼓吹者在其

---

① Barbara Tuchman. *The March of Folly*. NewYork：Ballantin Books, 1990：6.

第2章 变革成功必须走过哪些阶段,什么会令它中断

他部门还没有认同新产品的优点之前就强行推广。
- 一个建筑项目超出预算,因为找不到方法解决各团队间的分歧。
- 质量改进流程没有得以完全实施,因为没有人向中层经理寻求过支持,而中层经理对公司高管实施此项目的诚意一直抱有怀疑。
- 一家大型银行每年都要花费数十万美元做战略规划,然而这些规划却从来没有被实施过。原因是除了高级管理人员和顾问以外,没人关心一卷一卷十分气派的战略项目建议书里写的是什么。

仅对商业媒体进行一个快速的浏览搜索就能发现更多的例子。大量证据表明,失败的原因是未能妥善处理好抗拒。

以华盛顿特区橄榄球场事件为例。1992年的夏天,华盛顿特区橄榄球队的所有者杰克·肯特·库克和弗吉尼亚州州长道格拉斯·怀尔德举行了令人惊喜的新闻发布会,他们向目瞪口呆的观众宣布他们要将球队从哥伦比亚地区移至弗吉尼亚地区。他们精确地展示了体育场的具体位置,解释了地铁系统将如何增加一个停靠站来解决比赛日的交通,并展示了设想中的体育场模型。他们似乎对自己的展示感到无比喜悦和激动。如果这时候有人递给他们一把铁锹,他们会立刻开始挖地基。

几乎是同时,抗拒来了:关于球场选址,弗吉尼亚的本地人有他们自己的计划;地铁当局不想浪费宝贵的资金去建设一个一年只用八次的地铁停靠站;公民不支持这个项目通过发行债券来筹资。

库克和怀尔德跟所有掌权人做出的反应是一样的：他们忽视抗拒并且继续前行。尽管任何事的失败都不可能只归结到唯一的原因，但我仍然认为这是他们计划失败的一个主要原因。当他们继续强推他们的设想时，他们的行动造成越来越大的抗拒。仅仅六个月，项目就宣告失败[①]。

没有像他们所想象的那样，箭头绕着循环周期的轨道向前移动，它转而向内部移动了，这是抗拒要去的地方。他们越推动其计划，抗拒也向内越嵌越深，如下图所示。

变革循环周期中的抗拒

用变革循环周期复盘一下这个案例，我们可以看到，库克和怀尔德在变革循环周期上的位置远远超前于弗吉利亚的人民。他们站在"实施变革"处，都准备叫推土机开工了。我非常

---

① 来自本书第一版中的"库克和怀尔德"。

确信他们期望人们迅速沿变革循环周期轨道从后向前追赶上来，登上他们的"变革之舟"，支持他们的设想。然而这事并没有发生。库克和怀尔德越是用力推进，其他人的抗拒就越大。

令人惊讶的是，我发现库克和怀尔德并没有从这次经历中吸取教训，而是继续试图在马里兰州鲍伊建造体育场，同样也失败了。第三次选址是在马里兰州的基拉戈，这次选了一个有魅力的地方，球队现在就在那里打比赛。但是想想这些不断尝试选址的成本吧。

在北弗吉利亚州体育场事件失败后不久，迪士尼公司试图收购靠近马纳萨斯国家战场遗址的一块地用来建造主题公园，此处距那次橄榄球场选址约 30 英里。迪士尼也失败了，大部分原因是人们把从橄榄球场事件中学来的抗拒策略运用到了此处。

危险的是，一旦我们在脑海中形成一个设想，自己的整个生命都将被它占据。当我们向他人宣布我们的设想时，我们已经雇用了顾问、订好相关的书籍、为计划会议排出了具体日程。但大家立刻会说"什么？"，人们没有意识到事情的紧迫性，因此大家也看不到实施一个宏伟计划的必要性。这样，我们精彩绝伦的设想还没开始，其实就已经死亡了。

变革的阶段

当我的手机响起来的时候，如果是有人向我寻求建议或咨询服务，这些帮助需求总会落入以下变革阶段中。

使变革成为引人入胜的事件

如下图所示，这是变革生命周期中最重要的，也是最容易忽视的关键点。它说的是组织有着至关重要的一群人,他们每个人的手里都掌握着组织成功的基础,关键是大家自己说"我们必须该做些与现在不同的事情了",大家从心里感到必须改变。第6章"如何使变革成为引人入胜的事件"会探索这个阶段。

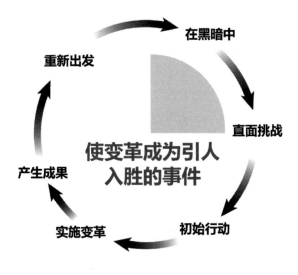

使变革成为引人入胜的事件

迈出正确的第一步

如下图所示,如果你曾经看过关于项目管理的文章,它可能就涵盖了在这个阶段发生的一些重要事项。在庞大的项目计划工作之上还要加上一点,就是大家经常忽视提出这个问题:要让哪些人参与,如何才能让大家承诺参与度?第7章"如何迈出正确的第一步",审视了这个阶段需要做的事情。

第 2 章 变革成功必须走过哪些阶段，什么会令它中断

迈出正确的第一步

保持变革鲜活

如下图所示，这是变革生命周期中第二个容易被忽视的地方。当所有的喧闹都平息下来时，这个阶段就到来了。保持变革鲜活的工作就是为了使新系统正确地工作，这需要确保关注所有细节，诸如测试、近距离的监察，并排除系统中的错误。保持变革鲜活的含义其实就是要得到成果。所以这个阶段包含了变革循环周期的两个部分：让新系统启动并运行（实施变革），并确保这些努力转变为真正的成果（产出成果）。第 8 章"如何保持变革鲜活"涉及了在这个阶段要做些什么。

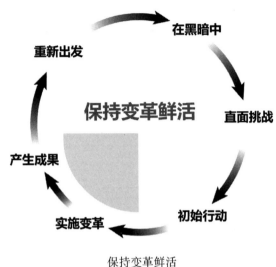

保持变革鲜活

回到正轨

如下图所示,如果你顺利地度过了前三个阶段,这个阶段

回到正轨

通常就可以免了。但有时即使是最好的计划也会脱轨。在这个阶段你需要找出为什么事情会做错,以使变革项目的进度维持在时间进度表内,使项目不超预算,并使项目达到预期的目标。第 9 章"回到正轨"讨论的就是,如果你发现变革项目脱离了正轨,你该做什么。

重新出发

如下图所示,循环的每个阶段都孕育着其自身毁灭的种子。比如,实施变革阶段不会永远持续下去,它将不可避免地带来成果或导致失败。成果将会终结,并将导致新一轮更新。这样持续循环下去。

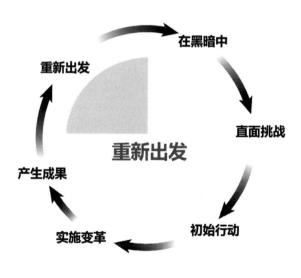

重新出发

我发现最后的"重新出发"阶段很容易迅速演变为"在黑暗中"阶段,这并不是一件坏事。在本书中,关于这个阶段我没有深入论及。如果想了解更多关于这个阶段是怎样的,以及为此要做些什么,我建议你去读威廉·布里奇斯(William Bridges)写的《管理转型》(Managing Transitions)。尽管他的著作着眼于变革的全部过程,然而针对变革的"边缘不稳定"期(Limbo),也就是我称之为"重新出发"的阶段,他的描述比我到目前为止所看到的任何人写的都棒。他写道:在你准备重新出发时,你不得不先终结已经习惯的老一套;在你学习新的做事方法之前,你不得不先自废旧的方法;在你变革成为新人之前,你必须先终结旧的自我。"开始"依赖于"终结"。问题是,人们不喜欢终结①。

工具箱:关于戈雷彻(Gleicher)变革公式请访问 www.askaboutchange.com 搜索 change formula。对于解释人的变革方面,这是一个很好的资源。

创造变革的条件

我曾见过这样一个会议议程,如下图所示。

```
全球服务流程项目计划会议
开场              09:00 – 09:15
项目介绍          09:15 – 10:00
计划介绍          10:00 – 12:00
午餐              12:00 – 13:00
团队完善计划      13:00 – 17:00
休会
```

全球服务流程项目计划会议议程

---

① William Bridges. *Managing Transitions*. Philadelphia: Da Capo Press, 2009: 3.

第 2 章 变革成功必须走过哪些阶段，什么会令它中断

这个议程的页面看起来整洁有序，但是，大家看不到光明，不能同舟共济，大家不能撸起袖子，按照时间表甩开膀子开干。

黑板上的方法是无效的。大家要从"在黑暗中"走到"初始行动"，人们必须先做到"直面挑战"。自己要"直面挑战"可能是瞬间的事，但也可能要花上几个月的时间。你可以通过提供大量正面临危险与机会的信息，来帮助大家提高直面挑战的能力。但你不可预测其他人什么时候能看到你已看到的"危"与"机"（第 6 章将会帮助你学会如何使变革成为引人入胜的事件，让大家跟你一样，看到事情的紧迫性）。

想象一下，这个议程是你主持的会议。你正在做变革项目的介绍，大家不断点头、鼓掌，并且问了一些适当的问题。10 点钟的时候，大家似乎都明白了相关内容。你心里琢磨着："这会开得还真不错呀。"但是，这就是问题所在。听众戏弄了你，看起来大家似乎已经与你同舟共济了，其实人们根本没听懂你到底在说什么。就承认了吧，在参加类似的会议时，你自己早已学会这样伪装了。你还学会了如何装作兴趣盎然，时不时地说一句："苏珊，你做得真棒！"其实你内心真正想说的是："你在把时间当烟抽吗！"

刚才平淡无趣的支持很快就还给了苏珊，没有人会心甘情愿地承担别人指派的领导力责任。阿诺德贝思（Arnold Beisser）说过："……变革发生在一个人试图成为'他本该成为的人'的时候，而非发生在他试图成为'他不该成为的人'的时候。通过自己或他人强制性的想要改变，变革从来不会发生；但是如果某人愿意利用时间，努力去成为他本该成为的自我时，变革就相应地发生了——在改变他现状上进行彻底的投

资。正因为人们拒绝了无意义的,充当变革代理人的行为,才能去做真正有意义且有序的变革。"①

他将之称为**变革的悖论理论**(paradoxical theory of change)。悖论就是你不能改变人而让"变革"发生,你只能创造影响变革发生的条件,再由这些"条件"影响变革的发生。

工具箱:想了解关于变革的悖论理论,请访问www.askaboutchange.com 并搜索 paradoxical theory of change。

第二部分的四个章节深入讨论了刚才所说的前四个阶段。每一章都以这样一种方式结束,那就是,确保你在继续前行之前,已经全部完成了各个阶段所要求做的工作。

架起"知"与"行"之间的桥梁

到第9章为止,所有的章节都包含了"架起'知'与'行'之间的桥梁"部分。在这部分,我建议了一些你今天就可以做的事情,以此缩小"知道如何引领变革"和"实际行动"之间的差距。

我的建议都是以变革循环周期为基础的。将变革循环周期融进你的骨髓里吧,在实际行动中学会利用变革循环周期框架观察和思考。两个人或更多的人必须达成共识,才能使变革从"在黑暗中"顺利移动到"产生成果",你必须培养运用变革循环周期工具的能力,它使你可以利用工具带领大家一起做变革计划、监察变革的进展,以及自我修正回到变革的正轨上来。

---

① Arnold Besisser. *The Paradoxical Theory of change*//Joen Fagan,Irma Lee Shepherd. *Gestalt Therapy Now*. Palo Alto,Calif.:1970. 目前网上资源为 http://www.gestalt.org/arnie.htm。

第一部分
知道应该做些什么

鲁布·戈德堡(Rube Goldberg)——为了完成一项简单的操作,不遗余力地精心打造复杂的发明,由此产生了滑稽色彩。

韦氏新世界词典
(Webster's New World Dictionary)

当写此文时,我正在看一幅鲁布·戈德堡的画①,它说的是如何保持商店橱窗清洁。画的是一个被香蕉皮滑倒了的人触动了耙子,造成耙子向上移动,耙子再推动了一个挂在绳子上的马蹄铁⋯⋯这些仅是这项清洁工作(所谓的"发明")的开始。

这让我想起我看到过的很多变革计划,就是要把来自各种各样来源的小段计划或步骤拼接起来。这使得变革计划过于臃肿,有太多的遗漏以至于无法变革,用的方法也太复杂。

其实有更好方法,有很多好的变革计划和实施策略,但需要知道你想寻找的是哪个。接下来的三章将会给你方法,探索引领变革应该做些什么,应该避免什么,以及做些什么来构建你的个人能力,把你已经知道的东西运用到实际工作中去。

---

① 过路人(A)踩到了香蕉皮(B)摔到了耙子(C)上;耙子的另一头翘起,把马蹄铁(D)挂在了绳子(E)上;马蹄铁重量推动水壶(F)洒出来的水(G)浸湿了拖把(H),也浇到了小狗(I);小狗(I)以为下雨了,就跑起来,把广告牌(J)打翻,并撞到拖把的支架(K)——它其实是不倒翁的设计,支架(K)带动拖把(H)来回晃动,就开始擦窗子了。

第3章

人们为什么会支持你，人们为什么会抗拒

> 狮子认为只要自己愿意和羊在一起睡觉，和平的世界就到来了，然而羊却根本睡不着。
>
> 伍迪·艾伦（Woody Allen）

不幸的东方航空公司,当其前董事长被问及对于员工参与度的看法时,他回答道:"我总不能采取让猴子管理动物园的办法吧。"① 这种傲慢即便不会造成不合作,也会使合作

---

① Alex Gibney. Paradise Tossed: How a Chance to Save American Capitalism Was Sabotaged at Estern. The Free Library. 1986-06-01, http://www.thefreelibrary.com/ParadiseTossed. 这个网站有一篇关于在洛伦佐（Lorenzo）下的东方航空公司历史长文,值得一读。

变得极其困难。你对东方航空公司为什么会歇业还惊奇吗？

想象一下，你就在他的手下做事，当你听到关于"猴子管理动物园"的说法时你会作何反应？这会激励你去用"做得更好"来证明他是错的吗？（不，我认为不会。）你会走到他面前提出建议，通过在日常保养方面做出转变来提高安全性吗？（你说你才不会去呢！你是什么样的员工呀？）他提出了某个重组公司的宏伟计划，使公司可以应对来自其他航空公司的激烈竞争。这次怎么样？你会自告奋勇地去帮助他吗？（回答是"不"？我对你是多么消极感到惊讶了。）

你会注意到你对老板的抗拒并不是由于你自己的性格所致，而是你对他的领导力的反应。

这是非常真实的，但也是非常极端的例子，它从内心揭示了人们为什么可能会选择抗拒你和你所提出的变革。东航董事长的这种"领导力"是与员工参与度相对立的。支持与抗拒是同一枚硬币的两个方面，这两面会同时出现。

既然组织中的大多数变革都需要大家的支持，那么，你需要知道支持和抗拒来自哪里。

什么是抗拒？

抗拒之中种植着希望，但是为了找到希望我们必须先了解清楚什么是抗拒。当我们谈及变革时，"抗拒"这个词尽管被大量地使用着，但通常用得不够严谨或不正确。

- 我们用**抗拒**来描述模模糊糊的对立面。

- 仅仅是提到这个词就可能会唤起我们的愤怒，对"胆敢抗拒我们"的愤怒。
- 我们把这一类人称为**抗拒者**，就好像抗拒是某类人的专属——多数情况下，我们不喜欢这类人。
- 因此，很自然地去找方法来摆脱抗拒，战胜抗拒。

为了实现变革，我们需要构建获得支持和承诺的能力。但如果用刚刚说到的视角去工作，它与要构建的能力正好背道而驰，因为"努力战胜抗拒"的企图通常只会增加抗拒。当牛顿说每个作用力都存在着一个与之相等的反作用力时，他本可以就把它写成"抗拒"的。只有对抗拒的本质有更好的理解，你才能接受各种形式的抗拒，以及学会如何预见它和避免它。

所以，什么是抗拒呢？它是一种能量，一种放慢或停止"变"的能量。因此抗拒是变革自身的一部分，这是能预期到的和自然的事。任何系统，不论是人体还是组织，都会阻止其认为有害的变化。如果你曾经尝试过减肥，你将立刻感受到这种两难的困境。当你刚开始减掉几磅肉后，你的新陈代谢会减慢以保持体内的能量。你的身体并不知道你正在实施一项新年减肥的计划，它会减慢你的新陈代谢，以储存适当的能量。研究（不是个人经验）表明，当你吃多了，你的新陈代谢会加速，为的是让你的体重保持在一个最优的或舒适的**默认值**上。你的新陈代谢会不断调整以保持你的体重稳定。

当公司开始做重大的组织重组时，中层管理者可能会阻止重组，因为他们感到这将会对他们造成伤害，认为他们可能会因此失去权威，甚至失去工作。即使他们或许**看到了**需要变革，但他们的**默认值**却是现状。这与站在磅秤上，决定减掉多余体重有相同之处，你开始意识到头脑思维和身体行动可以是南辕北辙的。

尽管你非常希望畅通无阻，但是没有抗拒的进步是不可能的。人类总是怀疑和提出问题，即使你们赢得了变革，仍然还会产生疑问。比如，这真的起作用吗？我们对新设想已经做了充分的思考吗？

抗拒是任何变革中自然而然的一部分。请把抗拒当作是**保护、能量和一个悖论**。

保护

抗拒保护我们免受伤害。在初级道学完滑雪的第一课后，抗拒会阻止我们从高危险、高难度的黑钻专家雪道滑下，当滑雪缆车把我们的座椅拉向陡峭的身形山（bodycast mountain）时，抗拒会警告我们这是有害健康的、鲁莽的、冒险的行动。在组织内，抗拒会阻止我们对每一个新设想都说同意，尤其是对过分热情的经理们所提出的、不靠谱的新设想。通过抗拒，我们可能会节省很多不必要的工作，也避免了痛苦和头痛。

从抗拒有益的观点来看，谨慎绝对是正确的做法。当我们自己是那个抗拒的人时，我们将抗拒视为正向力量，它保持着我们的安全。在如此复杂和迅猛变化的世界里，抗拒可以是一种健康的标志，一种导航的方法。

想象一下这样的画面，你答应了每个人的每一个要求。当你的老板、同事、雇员、合作伙伴、孩子、电话销售员给你打电话时，你都答应他们。其实这也是一种对频繁冲击的抗拒，这种抗拒就是让你保持不被所有的要求压倒。

如果我们能认识到人们的抗拒其实都是有好的理由的——这些理由通常不会直接显露出来让我们抓到——我们就能换种方式接触这些人。大脑中保持这种思维可能会让我们找到与他人合作的方法，而非把东西强加于人。

能量

抗拒是能量。如果你曾经面对过满屋子对你的行为充满怒气的人，你就能轻而易举地识别出这种独特的"能量标签"。

抗拒的能量可能是一种强有力的力量，或令人恐惧的力量。你可能倾向于用力打力，然而即使你压倒性地赢得了战斗，你也输掉了战争，因为你已经失去了你迫切需要的承诺。你的目标应该是重新引导这个能量。在合气道艺术中①，目的是在冲突中找到和谐。当对手用拳猛击时，大师并不反击，而是加入攻击者使力的能量中。他可能向旁侧步，轻轻地抓住对手的胳膊，并与他一起移动。通过与对手的动作融合起来，保护了自己，对手也保住了面子。大师无须踢打、嘲讽、猛击对手，也能达成目标。

一个悖论

抗拒是"渴望变革"的一部分。当你想搞新的东西时，抗拒就会随之而来。写本章节的时间是新年过后的几天，我正准备退出我的健身俱乐部，理由是俱乐部所有的有氧运动和力量训练的器械总是处于被占用状态。虽说我知道俱乐部已开始重

---

① 日本一种以巧制胜的武术。

新布置,并全部更换新的设备,不过这需要等待呀,而且要等两个月才能完工①。在新的一年,人们下了强烈的决心塑造自己的体型,他们会有意识让自己一下子就开始行动起来(变革循环周期的实施变革阶段),没有考虑到一些将会与新目标形成对抗的力量,比如必须提前一个半小时起床、必须早睡、必须开始吃豆腐来代替会引起心脏病的培根加布里干酪汉堡包。新年的热情早已让他们自己跳出变革循环周期的正常步骤了。

在个人和组织的变革中,也许,或者说有很大可能,我们想要的东西与我们**真正**想要的东西会发生冲突。就像说"我想要上床睡觉",但嘴上却吃着香脆的零食。"想要"与"抗拒"之间张力的研究,已经让心理学家们忙乎几十年了。

悖论就是"塑身的渴望"与"只要喜爱的食物就都可以吃的渴望"或与"一直睡到正午才起床的渴望"之间的斗争。断言"我看起来像布拉德·皮特","我是我邻居眼中的安吉丽娜·

> 人类大脑在很大程度上是一台帮助赢得争论的机器。这台机器要说服他人,让正义总是站在主人的一边——当这台机器要说服主人自己时,其"赢得争论"的原则是不变的。大脑就像是一位优秀的律师,只要给出任何对他有利的辩护议题,大脑就会为说服别人而设置出一套道德和逻辑的价值世界,而不管他们实际上是否真的拥有这些价值观。
>
> ——《道德动物》(The Moral Animal)罗伯特·莱特(Robert Wright)

---

① 译者注:作者拿自己退出健身俱乐部为例说明,新年塑身决定只过了几天,"抗拒就随之而来了"。

朱莉"①的做法也可能在让你起床方面起一会儿作用,但这种笨笨的"积极思考"咒语,其效力将很快被耗尽。

我相信那些真的有规律地去健身房的人能意识到竞争的力量在起作用。当闹钟在每天凌晨 5 点响起的时候,即使有另一个竞争的声音说:"噢,香甜的美觉,再睡几分钟吧。"他们也会做出立即起床的决定。

"我们想要的"与"我们真正要的"张力拉伸也会发生在组织变革中。在后面的章节中,我将会讨论让抗拒浮出水面的方法,这样做的目的不是在于本身利益,而在于我们秉承着这样的信念,只要给予足够的关注和尊重,抗拒将会转化为支持。充分理解再睡 30 分钟的渴望和为什么有如此恳求的背后原因,开始让我们看到更多的选择,这就是"变革的悖论理论"所起的作用。

一次舞蹈课

想要将抗拒转化为支持,只有我们自己愿意成为转化过程的一部分,转化才能发生。我们想要影响抗拒,只有了解了他人抗拒背后的原因,我们才能去影响。我们看到微妙的相互作用——他们抗拒,我们做出对应,他们再有新的抗拒。现在,我们可以有选择了:我们要保持对打,还是共舞。如果我们选择了共舞,我们就会退一退,然后进一进,某个人影响着另一个人,直到最后很难再想起谁是主动的,谁是抗拒的。只有我们愿意被抗拒的人影响,才能影响抗拒我们的人。这意味着要放弃我们的"确信",它需要我们搁置"不信任"。

---

① 译者注:布拉德・皮特和安吉丽娜・朱莉都是著名电影演员。

重大的经验教训告诉我们，抗拒发生在他人和我们的关系之中。没有人生来就是抗拒者。人们对我们所做的事之所以做出抗拒反应，背后的原因可能是恐惧、担忧和困惑；也可能是因为受到了刺激，他们想要知道得更多，并与我们讨论他们如何才能加入变革的行进队伍中来。作为响应，在回应人们时，有时我们要靠得很近，有时要靠得远一点。这是一种退一退，进一进的移动，这是一场合作伙伴间的共舞，双方都在"引领"与"跟随"。

为什么人们会抗拒你①

这里有抗拒，那里还有**抗拒**。某些情况是深深根植于组织中的，似乎合作看起来是根本不可能的事。其实大多数情形并不是那么棘手。不幸的是，抗拒的想法如此有力量，以至于它会使你像在迷雾中做判断，使你很难分辨出微小的批评（minor criticism）与深思熟虑的敌意（full-blown animosity）之间的区别。当你对人们为什么会抗拒了解得越多，用来避免抗拒或将抗拒转化为支持的选择也就越多。

人们会抗拒变革有三级原因。

第1级：我不理解它

第1级包括事实、数字和想法。它是一个思考和理性行动

---

① 三级抗拒部分来自作者的电子书 *Introduction to Change Without Migraines*. Arlington, Va.：Maurer&Associates, 2009.

的世界，这是一个演示、图表和逻辑争论的世界。比如幻灯片是一个第 1 级的好工具，但是它的有效性通常只局限在第 1 级的问题内。

第 1 级的抗拒可能来自于：

- 缺乏信息；
- 对数据所做出的解释有分歧；
- 缺乏对重要信息的披露；
- 不明白变革事件对他意味着什么。

你可能会相信，一开始就叙述自己的优势地位就能说服他人。几年前我到市场上去买笔记本电脑，对买电脑这件事，我仅有的抗拒是很微小的：我能以一个合理的价格得到我所需要的电脑吗？对电脑如何运行不是很了解的我，当参与到有关电脑运算的"位"和"字节"的讨论时，我会迅速"熄火"的。在经历了数次与电脑销售人员恼人的交流遭遇后，我带着不安走进了一家离公司比较近的店铺。我想我也同样会受到技术术语轰炸的。但这个销售人员与众不同，他问我买笔记本电脑做什么。这么简单的问题，之前竟没有人问过我。我跟他说我需要用它处理文字和发电子邮件。他看起来很惊讶，"就这些，全部的需求就这些？那么这台笔记本就是你所要的"。他向我展示了一台相当便宜的笔记本电脑，并且向我保证它能满足我所有需求。没有说任何深奥的电脑知识，他对他的修辞做了限制，用我能理解的语言来回答我的问题。我不会再去别的店铺转悠了，我买下了那台笔记本电脑。

那个销售人员很好地做出了我们很少有人能做到的,那就是聆听,并用对方的语言说话。

第1级抗拒的风险

给予人们信息是组织尝试处理抗拒最普遍的方式。错误在于,许多人认为所有的抗拒都是第1级的,只需给人们更多的事实和数字,人们就会从黑暗中看到光明。他们会举行更多的会议并展示更多的幻灯片,然而所面对的可能是完全不同的抗拒,我们称之为第2级和第3级抗拒。

如果不去处理,第1级抗拒会加剧。比如,当你向"初始行动"或"实施变革"推进时,人们还在质疑你的变革是否明智,抗拒会向更深处挺进。

我们常抱有这样的幻想,一旦看到变革的好处,人们就会迅速加入变革中来,并围绕变革循环周期轨道向前进。但是你有必要问问自己,最近什么时候发生过这样的事?你必须在意识到抗拒的时候就尽快处理它,否则你会陷入让它加剧的风险之中。

大多数人在处理任何一个级别的抗拒时都有恐惧。面对一个简单的第1级抗拒挑战,比如说"我们没有足够的员工去做那个",就可能让你心烦意乱。最轻微的反对也可能感觉像是人身攻击,如果你把它归因于"胆敢挑战我"这个针对个人的动机,并采取了不恰当的下意识反应(在第4章"条件反射反应的危险"中将会介绍),那么你就进入了第2级和第3级抗拒的世界了。

第 2 级：我不喜欢它

第 2 级的抗拒是对变革情绪上的反应，血压升高、肾上腺素涌动，附加心跳加速。这都建立在恐惧的基础上，人们担心这场变革会使他们失去面子、失去社会地位、失去控制，甚至失去工作。

第 2 级抗拒的情绪的力量非常大。你不能告诉人们"就去克服它吧"，并期待他们回答"哇，谢谢，我的确需要这样做"。这会让第 2 级抗拒加深。如果我们自己亲身体验过第 2 级抗拒，就能感受到它，好像我们的生存正处于危急关头。

沟通这一级别的抗拒是困难的。当肾上腺素通过我们的身体发射出去时，我们就转换到了"战斗或逃跑"模式（也许会是这个模式的第三种状态，像车大灯前的鹿，凝固不动）。人们听觉的能力被关闭了，不管你的演讲有多么好，一旦大家听到"缩减规模"这个词，他们的思维和身体已经漫游到其他地方了。这个反应是不可控的，人们不是有意做出选择而忽视你，而是因为他们的思维已经被一个更重要的事占据了——例如他们自己的生存。

组织通常不鼓励人们情绪化地做出回应，所以大家会将问题和评论局限在礼貌性的第 1 级问题上，如"这将会花费多少成本？"或者是"时间进度表是什么？"这些提问也许表现得像是与你步调一致了，其实不是。他们问出第 1 级问题，是期望你能听出言外之意，并且解答他们对第 2 级或第 3 级的忧虑。或许他们自己也根本就没有意识到他们正在情绪的笼罩下做思考。

第 2 级抗拒的风险

你可能会用处理第 1 级抗拒的策略来处理第 2、第 3 级抗拒，但是这种肤浅的方法不能触及人们的内心深处，不能触及人们内心的担忧和渴望。大多数商业组织的词汇表中都没有个人的恐惧和渴望。当你接近这些情绪时，你倾向逃跑或者责备那些抗拒的人，不是因为他们正在抗拒中，而是因为你无法想象在如此深层的抗拒中如何疏导他们。与处于第 2 级抗拒的人们开会是需要勇气的。

在我曾经参加的一个会议上，一个首席执行官说他刚给出命令，让人力资源部经理解雇很多员工，"一旦他做完这事，我也会把这家伙给开除了"。我相信是他的粗鲁和迟钝感没有使他发觉自己不能与员工做正常的人际交往。为了掩盖他的无能，他不得不把一个使者送出去做这些"肮脏"的工作，然后炒掉使者使得自己远离痛苦。

工具箱：有关第 2 级抗拒反应的研究，请访问 www.askaboutchange.com 并搜索 Level 2。

与此相反，一个工厂的经理被要求关闭一个运作失败的部门，他非常透明地让大家知道未来将会发生什么事情，人们给予他长时间的掌声。

他知道人们将会体验到许多深层次的情绪，例如失业和对未来前途的恐惧。他没有用糖衣包裹现实或者否认事实，他用每个人值得拥有的尊重去对待他们。

如果你总让自己远离痛苦，你就不能为你的新设想找到支持。在上述的第一个例子中，即使是保住工作的人们也无疑是恐惧的，害怕解雇同样发生在他们的身上。

第3级：我不喜欢你

或许他们喜欢你本人，但是他们并不信任你或者说对你的领导能力没有信心。我知道这个现实将是个很难吞咽的药丸，但是对第3级抗拒缺乏足够的关注，是抗拒弥漫而导致变革失败的主要原因所在。

你和那些与变革利害攸关人的关系意味着很多东西，但是这些是很少被提及的。有关变革的书籍经常谈到变革策略和计划，但是在成功引领变革方面，大多数建议未能意识到信任的重要性和所起的基础性作用。

在第3级抗拒中，人们抗拒的不是新设想，他们甚至可能喜欢这个新设想，他们抗拒的是你。也许与你在一起的经历让他们对你产生了警惕，也许他们害怕你没有全盘思考问题，也许你可能将是另一个"昙花一现式"的角色，也许你没有勇气去做艰难的决策，也许在这场变革开始实施之前你将会被委任其他任务，也许你仅是在大老板面前处处说"是"的人。

通常人们抗拒的不是你本人，而是你所代表的东西。当听到IT部门、人力资源部门或管理层来"给予帮助"时，他们就开始怀疑和恐惧了（第2级和第3级混合在一起了）。

不管第3级抗拒的原因是什么，你都承担不起忽视它的代价，它可以让你成功，也可让你夭折。

第3级忧虑本身甚至都不存在某种确定的事实，由此阻碍你去施展能力来解决它。如果人们坚信不能信任你,那么他们将坚信这个观点直到有证据表明不是那样。

相互冲突的价值观和愿景的对撞能造成仇恨。想想数个世纪以来的中东冲突、北爱尔兰冲突、第二次世界大战后的"冷战"、反堕胎与提倡堕胎合法的争论。深深植根的仇恨想得到化解可能要花费数十年,甚至是几个世纪的时间,凶猛的对抗才能被转化为某种形式的共识。目睹北爱尔兰和北非在过去二十年里的大幅改善,你可以看到,即便是很困难,但进步还是有可能的。

好消息是,对于组织的管理者来说,无论憎恶如何之深,都比不上我刚才提到的这些例子。但是,化解冲突的确需要下功夫和有令人惊叹的坚持才行。

把第3级抗拒转化为支持极其困难。不要期望你的一场演讲或者利用某个戏剧化事件就可以使它好转过来。你需要努力证明你值得他们信任。好转发生在人们坚信你把大家的最佳利益放在了你的心中之时。这需要时间和技巧,而许多管理者尚不具备这些条件。好消息是你可以学会如何让自己变得值得信任。

第3级抗拒的风险

当你走进第3级抗拒的雷区时,任何事都可能会出错。信任是如此易破,憎恶却是如此深固,以至于微小的错误都会将已有的进步推后数月或数年。极具诱惑力的是半途放弃或者恢复到蛮干上来,像是来自匈奴大帝的剧本。不要这样做,涉及任何"以力打力"的事,最好连试都不要试。

而且,关于人们对你的真实看法,你很难得到有用的信息,人们希望你处于无知的迷雾中。著名的电影界大亨和米高梅电影公司(MGM)的联合创始人塞缪尔·戈尔德温(Samuel Goldwyn)曾说过:"我希望人们告诉我真相,即使付出的代价是他们的工作职位。"如果你是老板,人们会有很强烈的动机对你撒谎。

三个级别抗拒的积极面

三个级别的抗拒是相互作用,相互影响的。对第1级抗拒的处理错误可以影响第2级抗拒的恐惧和第3级抗拒的不信任。这就是为什么我会让一个艺术家去创造出你在这儿看到的下图。它描绘了动态的且有时有点凌乱的各级抗拒之间的相互作用。

三个级别的抗拒相互影响

即使是通过很微小的举措,只要有开始建立信任的行动,它就会对人们的情绪有积极的影响,也会积极影响人们听到你说了什么的能力。

各级抗拒总是处于不稳定状态,有时候会按照你的意愿移动,有时候则不会。在我咨询过程中看到的有效管理者,他们对于这些抗拒都在哪个级别,以及哪些人是他们要影响的,都有着相当好的理解。

把第 1 级、第 2 级、第 3 级抗拒的积极面都结合起来

在《创新的扩散》(*Diffusion of Innovation*)中,埃弗雷特·罗杰斯(Everett Rogers)在有关让新设想传播和被人们理解方面,定义了五个重要的因素。

1. **相对优势**:人们需要**看到**变革怎么就比现状更好。打算建立强大电脑系统的信息部门,常常能成功地向公司展示为什么今天的投资将是之后决战时的关键。
2. **相容性**:人们必须看到与原先的做事方法的衔接所在。很多年来,已故的费利克斯·格兰特(Felix Grant)一直都是华盛顿特区卓越的爵士音乐节目主持人。电台经理通常认为爵士乐对于广大的听众来说过于饶舌或种族痕迹明显,格兰特意识到大多数电台经理都对音乐知之甚少,所以他将他的表演称为"唱片之音"(The Album Sound)。"我的开场表演从来没用过'爵士'这个词,我会演奏辛纳屈(Sinatra)的音乐,那时他可是个大人物。但是我也会演奏其他人没有演奏过

的新潮东西……大部分人并不是爵士乐发烧友,他们可能不会知道这就是爵士乐。他就是听到了好听的音乐,那种在其他地方很难听到的音乐。这方法十分奏效,演出售出了许多场,电台也很高兴。"①

3. **简易性**:要让新设想能令人兴奋,你必须保持其简易性。为什么脸谱网、推特以及其他社交网站能如此成功,我坚信一个原因是它们很容易使用。在互联网的早期时代,在线沟通交流是很麻烦的事,仅限于那些有精力去搞清楚网站神秘结构的人。

4. **可测试性**:人们需要有机会去实验新的方法,如果我不喜欢它怎么办?如果它无效怎么办?埃弗雷特·罗杰斯引用了1943年的一项研究,发现所有接受采用杂交玉米的爱荷华州的农民,都在其基础实验阶段就试用过杂交玉米②。如果没有这个实验期的话,广泛接受将缓慢得多。

5. **可观察性**:在看到新事物已经运转之后,再去接受它将会变得更容易。许多组织在采纳新技术和新的管理系统前,会先送员工去实地考察,让大家去看看别人是如何使用它们的。在考察途中,人们可以提出尖锐的问题来"驱除疲劳"。埃弗雷特·罗杰斯描述了大家是如何学习接受创新的。用"主要的变化"来代替"创新","主要的变化"这个词等于说出了与以前的相容

---

① Ken Ringle. *Felix Grant, for the Love of Jazz*. The Washington Pose. 1989-11-12:G1.

② Everett M. Rogers. *The Diffusion of Innovations*, 3rd ed. New York: Free Press,1983:32.

性。虽然人们关注到了客观研究和科学评估，但是大多数人只有看到创新是如何为与他们类似的人服务后，才会接纳。

另外，尽管人们最可能从与他们相似的人那里接受创新，然而大多数新设想却来自于与自己不同的人群，就是由于"不同"才能让其他人从另一个优势视角来看待问题。如果除了新设想，其他做法与我们都很相似，那当然好了，但最常见的却是与我们有很大不同。罗杰斯写道："他们就是讲着与我们不一样的语言。"这也就是为什么管理者一定要找到与自己要影响的那些人的共同基础。

"抗拒"能引起人们的关注，因为它是一种与大家的目标或梦想相对抗的力量，但管理者可能会错误地觉得"支持"能引起人们的关注。我力劝你在贯穿变革的整个生命周期中思考这三个等级的抗拒。当事情进展得很顺利的时候，停下来一会儿，思考为什么大家对你的项目会感兴趣，甚至是感到激动？你可以从你正在做的正确的事中学到很多。就像你将在本书第二部分中所看到的那样，"后期努力纠正错误"与"建立伊始就把事做好"比较，后者的工作要容易太多了。

工具箱：看罗杰斯对开创性工作的研究，可以访问www.askaboutchange.com 并搜索 Rogers。

如何识别抗拒

考古遗迹再现了公元 79 年庞贝古城的场景，当维苏威火

第3章　人们为什么会支持你，人们为什么会抗拒

山爆发古城被埋时，居民完全是惊慌失措的。由此推测，在公元62年，没有人将此地破坏性的地震看作是老火山仍然活跃的迹象。造成的结果是2 000人在那场火山爆发中丧生[①]。今天，我们已经知道火山即将喷发的迹象。同样，知道抗拒即将喷发的迹象也很重要，否则，爆发时你就有可能成为受害者。

但是识别出抗拒只能让你知道即将发生什么。观察通常不会让你知道它们是第1级、第2级、第3级抗拒，还是某几级抗拒的组合（在第9章"回到正轨"中，我们将讨论一些方法，这些方法能帮你找到你所观察到抗拒的背后原因。）

识别抗拒，以下是我们要观察的：

困惑

对于一个新项目，即使你已经尝试解释很多次了，人们还是一直在问基础性问题："为什么我们要做这个？""我将来的汇报对象将是谁呢？""这需要花费多少钱？""你说你想把它建在哪儿？"假设你**确实**已经清清楚楚地解释了这些事，那么人们的这种困惑就是抗拒的一种形式。

大家没有对你撒谎。抗拒创造了一种听觉迷雾，它使得人们（包括我们自己）很难听到别人正在说什么。

我们自己的困惑也可能致使我们听不到自己不希望听到的东西，结果恰恰增加了困惑。

有时困惑就是困惑。有时，它是为人们提供保护的，阻止人们接收到不愿意听到的信息。

---

① 新格罗里埃（New Grolier）多媒体百科全书光碟，1993。

我的建议：耐心地回答大家的问题，哪怕这是第 20 次同样的提问，但是要识别出这可能是一些更深层次的东西在起作用。我的猜测是，那些发烫的第 2、第 3 级问题对于大家来说是不安全的。你需要寻找某种方法，以认知大家到底因何困惑。

立即批评

人们常常还没听完所有的细节，就开始表达反对意见了。格劳乔·马克斯（Groucho Marx）曾唱道，"无论它是什么，我都反对"。这种对你的观点瞬间做出的负面反应，会让你发疯的。你在这样的组织里待过吗？人们每天例行公事就是反对任何改变。新的设想是什么还没有解释完，人们的批评就接踵而来了。就好像大家之前已经去过要变的地方，而且准确地知道会得到什么似的。顺便说一下，"立即批评"可以用柔和而极其礼貌的方式表达出来。

当个人或团体的批评来得太快时，他们以前很可能一直被"变"烧烤着，而且身上已经烤出了抗拒的硬壳。他们感觉到如果允许任何事情穿过这个硬壳，他们将再次受到伤害。

我的建议：假定"立即批评"是第 2 级或第 3 级抗拒的面具，表示这里有需要你深入挖掘的东西，而大家刚刚传递给你了暗示和线索，你要做的应是致以谢意，而不是对大家的即刻反驳感到愤怒。

否认

人们将自己的头埋进沙子里，以此拒绝看到不同的事物。

第3章 人们为什么会支持你，人们为什么会抗拒

通常，你试图证明得越多，他们将自己埋得就越深。

在美国公共电视网（PBS）播出的《治愈与心灵》（Healing and the Mind）系列节目里，比尔·莫尔斯（Bill Moyers）与一个拒不承认自己有严重心脏问题的心脏病学专家交谈。多年来，他甚至拒绝看自己的心电图。不愿看到摆在我们面前事实的愿望极其强烈——是如此的强烈，以至于一个心脏病专家都不愿承认他自己心脏有问题。

对于管理者刚开发出来的绝佳新设想，"否认"会导致管理者连合理的担忧都听不到。

除非有人想有意识地操纵你，否则引导大家偏离主题也是"否认"的一种形式。人们持续变化主题，会议从一个主题转到另一个主题。例如你开始谈论的是关于物料的事情，有人就可能会提出另一个同等重要的话题，所有的注意力都被引向了新话题。

就像所有其他形式的抗拒一样，"引导偏离主题"是人们用来保护自己的一种方法。改变主题就像掏出盾牌挡住飞来的箭。

引导偏离主题可以是无意识的，不是策略性的选择。一个小型制造工厂的管理者们通常用谈论预算来回避讨论影响他们工作的其他重大问题，讨论数字远比讨论正在抵消彼此生产率的问题安全得多。

我的建议：认知到"否认"和"引导偏离主题"通常来自于这样一个事实，你的新设想太可怕了，以至于大家都不敢直视。避免过度按照第1级抗拒处理。大家的"否认"在向你传递着一

种信息，试着去感谢这种反应。

恶意顺从

人们微笑着顺从了这个决策。直到后来他们伸脚使绊的时候，你才知道真相。

一个小型公司的董事长对一个创新的管理步骤很兴奋。他是一个总想赢的人，没人愿意（或者敢于）捅破他的泡沫。在公众场合，大家都表示同意。花费了数月时间他才发现，在满足"保持变革鲜活"所需方面，其公司管理者们做的努力还是太少。

恶意顺从经常是完全有意识地去做的，人们通常知道他们在哄骗你，让你相信所有的事情都进展顺利。

作为一个管理者，在与总部人员的会议上，当你点头表示假意赞同时，你就采用了恶意顺从。当你像一个点头娃娃那样点头的时候，你知道你正在做的仅是让他们滚出你的办公室和打道回府。

我的建议：这是第 3 级抗拒的问题。恶意顺从要么来自于对你或你代表的人物缺乏信任，要么来自于不想伤害你的感情。人们可能很喜欢你，且不想让你丢脸，所以大家都撒了谎。抗拒的来源不同，表现形式却是一样的。对能得到这样的线索致以谢意，并且着手找出"老板，一切都非常顺利"背后的意义。

其中一个方法是问出如下的问题："我很高兴听到事情进展得都如此顺利。你是怎么用表单定位法（contabulator bearings）解决问题的？"或者"太棒了，然而我想听一下大家有什么提议？"你需要听到真相，而不仅是你想要听到的东西。

蓄意破坏

彻底的破坏通常很容易被认出来，人们采取激烈的行动，意图阻止你继续前进。软件奇怪地发生了崩溃、设备在不合时宜的时间发生故障、信息总是传递不到……如果说蓄意破坏有什么积极的一面，那就是它毫无疑问地告诉你，某人或某团队强烈反对你的计划。

就像恶意顺从那样，蓄意破坏经常是一种有意识的行为。想想第二次世界大战期间法国人民的抵抗活动。

但是人们也会无意识地做蓄意破坏的事，甚至管理者也会做出蓄意破坏。想想这些时刻，你"不小心"忘记邀请某人参加一个重要的会议，或者当你准备投票时，就是没注意到那个努力吸引你注意力的人，"蓄意破坏"会以多种形式表现出来。

我的建议：要非常严肃认真地对待蓄意破坏。不惜牺牲自己的职业生涯而将靴子扔进机器（将靴子扔进机器可能是"蓄意破坏"这个词的起源），这对于人们来说是很冒险的。你必须找到方法，从而能公开地找出第2级和第3级抗拒问题。

轻易赞成

没有什么批评，大家就赞同你了。表面上看，这可能是很理想的。你展示了你的计划，大家给予热烈的掌声，似乎这时就该前行了。

尽管人们或许是真诚地希望与你同行，然而当他们意识到

"变革"对他们真的意味着什么的时候，他们之前的"接纳"就会变成了"灾难"两字。人们把你的信息整个吞咽下去时并没有咀嚼，就像疯狂的青年情侣在第一次约会后就发誓永远忠诚。轻易赞成与恶意顺从比较，其不同在于前者的执行弱，而意图强。轻易赞成的人当时真的相信新设想是有价值的，然而不久以后他们就认识到了这场轻率的"闪婚"对他们的真正含义了。

ADC Kentrox，一个电子通信设备的生产制造商，急切地实施了 ISO 9000 标准，这"差一点毁了他们公司"。他们一丝不苟地遵守 ISO 指导原则，不进行任何适应他们公司的调整，由此引发了大量官僚主义的噩梦。一个资深的产品经理甚至准备辞职，因为他相信这种"畸形"会杀死公司的。在知道了"红头文件作风"会让项目再延迟数月后，对 100 页刚出台的 ISO 标准文件，管理者不再予以理会了。公司的质量总监大卫·肯尼说道："我们没有考虑我们公司的条件，我们是一个小型的，有着 250 名员工的市场主导型公司。我们需要的是灵活性和快速实施的程序步骤——这与我们去努力取悦 ISO 审查员的做法是完全相反的。瞄准这个结论，我们重新建构了新产品的引进流程，包括分权责任制和一种灵活的项目管理方法。"

我的建议：挑战大家。你可以这样说："大家对这个新设想如此兴奋，我很高兴。但是在我们快速向前冲之前，有关变革的实施，让我们讨论一下预算、人员配置以及我们如何展开工作。"这些对话会使所有人反复咀嚼，并考虑采取行动可能产生的后果。然后如果你再得到赞成的意见，那很可能是真正的支持而不是轻易赞成了。

沉默

你展示着你的新设想,幻灯片展示结束后会议室灯光亮起,然而你看到的是一张张总统山(Mount Rushmore)上石头雕塑般的脸,大家怎么想的呢?大家同意吗?是因为太震撼而不能发表看法了吗?大家害怕发言吗?

沉默是一种难以处理的抗拒形式,因为它没有给你什么线索。当然,有时候沉默就表示赞成,所以很难知道该如何去理解它。

我的建议:作为一个通用规则,永远不要假定沉默意味着接纳。由于你自己有意愿推动此事,这很可能会导致你做出错误的假设,直到最后才发现没人与你同舟共济。这时你最好减速,并查明沉默背后代表着什么。

公开批评

有些人能无拘无束地准确告诉你他们心中的想法。他们的行为方式经常留下不明智和不礼貌的名声。我还记得乔,他在一个政府机构里工作。他的老板很讨厌参加有他出席的会议。乔这么说的时候就好像他亲眼看到了一样。他不在意"限制其职业发展"这样的鬼话,他直击老板的要害。从我的顾客那里听到乔难能可贵的地方,就是乔说出了他人不敢说的话。你可能不喜欢,但是乔们在世间是无价的。

作为一个管理者,为了传播你的新设想,你可能不管不顾地使用公开批评。可悲的是,公开批评通常会把大家推到你和你的新设想的对立面。从我自己的经验说起吧,许多年前的一个由政府管理者参加的领导力发展研讨会,我是主持人和引导师。参会的一个人,不管我说什么他都会提出批评。当他说话的时候,我能看到其他人都不以为然地对他翻白眼,由此我认为给予反击是安全的。我多聪明呀,鹰眼人皮尔斯(Hawkeye Pierce)也没如此灵巧过,我的反击就像细长的剑,这当然会让他闭嘴,并让其他人从心里喜欢上我。

我错了。大家都站在了他的那边,毕竟,他是他们其中的一员,而我是局外人。我花了后面的两天时间才把我从自己挖的坑里刨出来。

我的建议:由于对方采用刺耳和好战的行为方式,你有可能想对这些人的评论不予理睬,但这将是一个错误做法。与看到不说的人不同,这些人是在告诉你他们看到的事实,他们常常会表达出那些"温柔心灵"的人害怕对你说出的东西。由于其他的人可能不会赞同这种做法,这可能会诱导你施以摧毁性的嘲讽,猛烈出击而让这些人感到不寒而栗。千万不要这样做,同时也要避免"精彩"的秋后算账。他们仅仅是让发言人感到了不安全而已嘛。

保持识别抗拒的技能的持续精进很重要。越熟练地观察各类抗拒的外在表现形式,你就能越快地处理它。

架起"知"与"行"之间的桥梁

要能识别出是什么促使人们由支持转向了抗拒,反之亦然。从观察人们相互间如何共事开始是最容易的,不仅是容易,而且更有趣。我是在一个机场里写这个章节的,机场是一个让脾气燃烧起来的温床,当航班延误时、当不清楚行李被错送到哪里时、当自己预定的座位上坐错了人时就会升温。

觉察是关键。在第11章"向精通进发"里,关于学会与抗拒一起工作的方法,我会提供一些建议。不过现在,通过观察就能学习到很多东西了。

采访彼得·布洛克

站到他们的那一边

彼得·布洛克(Peter Block)是《社区:归属的结构》(Community: The Structure of Belonging)的作者,也是《丰富的社区:唤醒家庭和邻里的力量》(The Abundant Community: Awakening the Power of Families and Neighborhoods)这本书的合著者,而且还是一个享有盛名的组织咨询师。他有一个独特的能力——清晰地描述别人说过的话中到底期望什么。对他在抗拒这一主题上的思考,我钦佩很久了。

我:彼得,你是如何处理抗拒的?

彼得:我不认为抗拒是一个麻烦或是需要克服的东西,所以作为如何处理它的一部分就是我如何思考它。我们很少去体验我们自身的抗拒——更不用说我们希望别人去克服它。

所有对于抗拒的好战语言只会加剧抗拒：如我们克服它、逃避它、减少它、处理它——所有的这些动词都表明抗拒是一个需要解决的麻烦。其实抗拒就是不愿意做出选择而已。

　　对于向我们提出的新要求，我们脑中尚未做出决定，是服从还是维持原来的东西。在遇到让我们卡壳的情绪问题时，我们变得无能力选择。像这样的问题"他们到底在说什么？对未来和我能得到什么，我有多乐观？此刻，我是否感到很容易受到伤害？"

　　我：当面对抗拒你的人时你做些什么？

　　彼得：我会问"我如何才能站在他们的那一边？"他们这样做一定是有很好的理由的，因此我支持抗拒。我支持人们不做选择——我也能接纳他们做出的任何一种选择。问题会发生在需要他们行动的时刻。这时候我需要问自己："为什么这会成为一个问题？我是那个让别人做什么，别人就该去做什么的人吗？该对谁说我是那个前进的激发者？"

　　我：对你的咨询客户，你如何支持抗拒？

　　彼得：我爱"边界"，这个词有些夸张。如果他们恐惧，我就会重组他们对生死恐惧的定义边界。如果人们在影响别人方面有麻烦，我会说："假如世上没有任何办法能让大家跟随你，怎么办？"有时候，在极端的情境中，人们可以放开谨慎小心、判断和矛盾情绪，我认为极端的语言会让选择变得戏剧化。

并且我要对刚开始看起来很严重的问题做到举重若轻,我可能会说:"各位,有什么问题吗?反正都会死,当事情发生时,为什么就不能决定一下你站的位置呢?"

我:你曾说过你喜欢"怎样看世界决定你拥有什么样的世界"这句话,为什么?

彼得:这让我自己对世界负责,并把我的生活交回到了我的手中。这迫使我对自己看待问题的视角提问,对于我自己如何体验这个世界,它给了我大量选择。我喜欢这个想法,哪天我也希望大家亲身体验一下。

我:对那些认为所有抗拒都是垃圾并要战胜它们的人,你有什么想说的?

彼得:我会说,"你想赢还是想解决问题?也许你正在读的是一本错误的书。可能你应该去读一读《塑造你的人是你自己》(You Are What You Eat)"。

下一章涉及了条件反射的相关内容。这是一些可以扼杀任何伟大计划的东西,是一些我们不假思索就会做出来的事。

第4章

条件反射反应的危险

> 要永远原谅你的敌人——没有什么比这更能激起敌人如此愤怒的情绪了①。
>
> 奥斯卡·王尔德(Oscar Wilde)

哈里管理着公司的一个变革项目,他聪明傲慢,并且要求别人按照他的路数做事(你可能已经见过他了吧)。当他觉得被挑战时,他的声音会变化。刚才还语音曼妙,此时声音尖锐刺耳,失去了抑扬顿挫。在项目的早期,团队不知道哈里其实不想听取大家的见解——他只想大家遵照他的想法去做就行了。但是这些聪明和热情的团队成员,想要通过向哈里展示他们对问题的不同见解来证明他们的价值所在。这让哈

---

① 译者注:在愤怒的情绪之下,会做出条件反射反应,常做出错误的事情。

里很生气,他开始长篇大论起来,他好像不需要呼吸,没有停顿,其他人根本插不上话。很快,大家就接收到了信息,当哈里说话时,你点头就好了,不过看在上帝的分上,赶紧讲完闭嘴吧。

哈里得到了团队的顺从(大家知道这是有报酬的工作),但是他几乎得不到他一直所期望的东西——大家完全的承诺。他给自己制造了阻力,并因此降低了他影响大家的力量。他不得不承担大量的额外工作以确保变革在正确的轨道上。他习惯性的条件反射反应让他疲惫不堪。

当我们的想法遭遇抗拒时,大多数人都拥有一个自动回应的兵器库。这些防御性的反应通常是由于恐惧造成的。情况是这样,对其他人或团体所做事情的第2级反应触发了我们脑部的杏仁核,从而将肾上腺素射入我们的全身系统。在几分之一秒内,我们就会以或战斗、或逃跑、或震惊的反应应对。在这种情况下我们是失衡的,我们不再能以任何敏锐度和敏感度来与他人合作。事实上,当我们处于丹尼尔·高曼(Daniel Goleman)所说的"杏仁核劫持"状态时[1],我们根本听不到情绪上的微妙变化。这里有很好的原因——我们在为生存而战斗,或者在为生存而逃离,或者在为生存而装死,因为(像鹿一样)在车大灯的强烈照射下,没有任何提示告诉我们该做什么。

有时候我们的反应很迅速,但行动却完全不合情理。当泰德·科诺菲尔(Ted Conover)卧底去写星星监狱(Sing Sing Prison)的警卫生活时,其他警卫给了他一些如何保护自己的建议。他学习到了一个在最高安全级别监狱生存的警卫该如何做。他写道:"'离开门口!'你听到一次又一次纠错训话的

---

[1] Daniel Goleman. *Emotional Intelligence*. New York: Bantam, 2006.

声音……不要把这里的习惯带回家来对待你的家人。在理论上这是可行的,然而在现实中,我就像那个曾经在加油站工作朋友一样,即使她回到家并冲了澡,你仍然能闻到她手中的汽油味。监狱渗透了你的皮肤或者潜藏在皮肤之下,如果你待的时间足够长,其中一些可能还会渗入你的灵魂。"他讲了一个让人心碎的故事,他告诉三岁的儿子不要叫醒妹妹,当儿子违反了他的话时,科诺菲尔冲上楼一把把儿子揪了起来。"'当我说不的时候,你必须听好!'我愤怒地说道,并给了他一巴掌,连我自己都大吃一惊。"①

有时候"条件反射反应"就是我们与他人合作的习惯性方式。也许我们从没见过任何人用过与之不同的方式,所以我们就这样做了;也许是特殊环境条件致使我们做出了某种特定的反应。有时候这些反应行得通,有时候则行不通。

条件反射反应的后果会和我们与其他人迫切需要建立的关系相冲突。在第一个例子当中,哈里的强烈反应会和他想从团队里了解事情的可能性相冲突,与他想要创造高绩效团队相冲突。科诺菲尔发现,在工作上的良好习惯,放在家里就开始变为有害的条件反射反应,可能会造成伤害。当儿子给他刺激的时候,他以一种不适合父子关系的方式做出回应。

条件反射性反应

我已经定义了八个条件反射反应,你也可以将你个人的条件反射反应再添加到这个列表中。

---

① Ted Conover. *New Jack*. New York: Vintage Books, 2001: 242-244.

第 4 章 条件反射反应的危险

防御性地使用权力

很多人对待抗拒的方式就是要立刻克服它或压倒它——以力抗力，减少反对的唯一方法就是压倒那些不同意的人。力量可以使用得很微妙：一个友善的提醒让人知道谁是老板，或在会议上开个玩笑使大家不要忘记是谁在对他们进行绩效考核；力量也可以使用得很炫耀：咆哮、怒吼，对胆敢反对领导意愿者，让他们心底里感到恐惧。

如果你真的知道你正在做什么，那么使用权力并非是一件坏事。你清楚采取非常坚定立场背后的原因，于是当环境变化时你也可以接纳改变，因此这不是条件反射反应。在条件反射反应模式下使用权力就一定不是这样了，而是对某事的下意识反应，它能将我们钩住并把我们抛向失衡状态。在条件反射模式下，我们很难把音量降低。

当对个人使用权力时，它驱动箭头向变革循环周期中心移动（增加抗拒）的速度比任何其他的行动都快。放纵的权力一定会得到强力的回应——用力回击或者尽快逃离我们。

操纵那些反对者

操纵有着悠久和丰富的历史。1532 年，尼古拉·马基雅维利（Niccolo Machiavelli）写了一本书——《君主论》，这是一本为那些渴望得到权力的人们准备的自助手册。他的建议包括如何获取和使用权力，也包括用权力来熟练操纵他人的方法——这些方法在今天如同在 1532 年一样有效。我们可能很自然地不告诉人们事情的全貌，直到人们同意跟随我们时才说。我们躲在紧闭的门后面开会，讨论和决定给反对者施加压力的方法。

当我们陷入这种条件反射反应中时，操纵似乎就是唯一的方法了，我们可能会想"我们怎么才能骗他们跟我们一起走呢？"

区分上述"诡计多端"与"积极地有意识地运用策略"是至关重要的。比如说，确定谁才是让员工感觉最好的人，与大家讨论即将到来的引领变革的最佳人选是谁？谁有信誉？人们将会听谁的？即使这些决定是关着门做出来的，但是其意图是增加沟通，而不是欺骗大家来服从。

当人们意识到自己已经被欺骗，你的信用等级（第3级）就会下降，并且关于你使用操纵的记忆会有一个非常长的半衰期。人们会记住并提醒别人小心你。

理性的力量

当使用理性的力量时，我们很容易用事实、数字、流程图来压倒别人。我们要用数据杀死他们。这是"我是山姆"的战术。某些时候，给大家信息会是一个处理抗拒的好方法，但是这个策略的使用量已经远远超过"是个好事情"了。当我们使用它的时候，把第1级数据上的重要性提得过高了。

当我们使用理性的力量时，很难闭嘴。如果人们不同意，我们就会认为他们一定很愚蠢，所以我们一遍又一遍地解释。

一个经理曾来找我寻求建议，如何在他的部门与公司的另一个部门之间架起桥梁。这两个部门互相为敌很长时间了，双方都说对方的坏话，当两方不得不在一起工作时，每一方都带着勉强和怀疑的态度参与项目，人们都非常谨慎小心地发言。

这个经理的计划是**告诉**另一个部门的经理,他之所以想要架起这座桥梁的所有原因。我对他说:"弗兰克,这听起来好像是你想要用法律秩序判他们死刑——给了陪审团如此大量的事实,以至于他们忍不住举起手来同意你。"弗兰克的意图是好的,然而他**应该**去找合作的方法。但他的法庭律师风格没有留出空间来做对话和探索为什么两个单位之间的张力会如此紧张。在过去,当他使用这种方法时,事情会变得更糟。但他发现他一直被"自己想要说的话"不断拉紧,只要触发扳机,他就被弹射而进入"理性的力量"境地。

当我们对人们使用"理性的力量"时,对方会感觉受到了羞辱。人们感觉我们好像是把他们当成孩子对待。他们很少用快乐与感激来回应我们的韧劲,他们就是感到生气。当我们说话时,他们只要做简单的反应就可以关闭聆听。当我们张开嘴时,他们的思绪早在九霄云外了。

忽视抗拒

有时候我们将抗拒视作野餐上的蠓虫——一个微小的令人讨厌的东西,但它不是什么需要关注的事情。当库克和怀尔德试图说服人们建一个新的体育场时,他们就忽视了逐渐升级的抗拒。毕竟他们都是非常强大的人物,习惯了按照他们的方法行事。一个小的、资金匮乏的社会团体怎么可能会威胁到这个"天时"已经到来的设想呢?

有时候我们可能会忽视抗拒,仅仅是因为我们相信没有人能严肃地质疑我们的计划。我们未能看到抵触就在我们面前逐步升级。我们的幻想是,只要保持继续前进,其他人就会加入。

问题是当我们在这种(或任何一种)条件反射反应的情绪中挣扎时,我们常常会失去"看到环境条件已经变化了"的能力。罗马城燃烧起来,我们将此归咎于全球变暖,但是从来没有意识到我们就是那个点火的人。

> 因为处理强烈的抗拒是困难的,我们有时候会允许最差劲的恐惧来接管它。在经典喜剧电影《鸭子汤》(Duck Soup)中,格劳乔·马克斯(Groucho Marx)饰演法亚弗利(Rufus T. Firefly),弗里多尼亚国(Freedonia)的领袖,他正在等待邻国西尔凡尼亚大使的到来。大使的道歉再加上法亚弗利接受它将会避免一场任何一方都无法承担的战争。但是伴随着等待,法亚弗利的思想开始骚动起来。
>
> 如果我没有尽我所有的力量来让我们心爱的弗里多尼亚国保持与世界和平相处,那么我就不值得被赋予如此高的信任。我将会很高兴见到大使并代表国家伸出示好之手,并且我相信他会接受这个手势所代表的精神;但是,如果他不接受呢?那可不是什么好事。我伸出我的手,他拒绝接受。我的威望呢?我,一个国家的领袖,被一个外国大使怠慢。他以为他是谁,可以到这里来,在我的臣民们面前侮辱我吗?
>
> 想象一下,我伸出我的手,这个土狼大使拒绝接受它。为什么呀,我是贱,是被鄙视的猪?你不会逃脱报应的,我告诉你,你会恶有恶报的(此时大使已经准备好了共造和平)。然而法亚弗利却拒绝与之握手,啊?(法亚弗利给了大使一个耳光,然后战争就开始了。)①

---

① 文章摘自《鸭子汤》,经环球影城工作室公司授权使用。

玩弄关系

我们会利用友谊或共同的经历作为工具让其他人同意我们的计划。他们跟随我们，不是因为这是个如何好的设想，而是因为他们感觉亏欠我们人情。人们一旦意识到我们的计划将会消耗他们的时间或金钱成本，或者说与他们自身的计划相悖时，这种策略通常会被瓦解。

如果变革的变化是微小的，那么玩弄关系很可能会起作用，但是你读这本书的目的不是为了学习如何处理无关紧要的改变。找到让其他人对你的新设想感兴趣的方法是很重要的。这就意味着你需要有意愿去学习了解，并愿意处理第 2 级和第 3 级的问题。你不可能自娱自乐地渡过第 2 级的恐惧和第 3 级的失信。你必须吸引其他人参与进来，并且也愿意被其他人的想法所影响。关于玩弄关系不那么负面的是，我们无关紧要的行动将不会冒犯任何人，但是仅凭这点不能让人们积极赞同你的策略。

做交易

做交易的过程就像是美国国会运作的过程：如果你给我那个，我就给你这个。当你所需要的就是某人的投票时，做交易还算行得通。在抗拒力小，并且人们对于我们引领的方向没有特别偏好的情况下，做交易也会起作用。一旦抗拒加大，并且需要人们的激情和承诺来支持和实施计划，这时做交易就行不通了。

如果我们走进这个条件反射，我们可能会发现虽然前面顺利,没有伤害、没有冒犯,但是后来也没有成功。

杀死真话信使

当听到一个坏消息,我们不是感激"真话"信使,而是要摆脱敢于给我们提出这样问题的人。一个私人控股公司的副总裁告诉我,每当公司聘请一位新管理者时,其他初级高管都会警告他不要在会上批评老板的想法。但是,一些满怀激情的年轻管理者为了证明自己能给团队带来价值,他们会指出老板的假设或计划中的缺陷。后来再也看不到满怀激情的管理者了,他连同他的想法一起被解雇了。

如果在你的组织里有人愿意说出他看到的事实,或者直接问不明智的问题,你可能需要控制你想要杀死这个人的欲望。记住,那个人可能有重要的事情要告诉你。

杀死信使的风险在于通过攻击梅利莎[①],屋子里所有的人,以及任何读过她信息或推特的人都知道了此事。即使别人觉得此时此刻梅利莎应该受到如此的处理,这已不重要了。你将会是失败者,"说任何可能引起老板心烦的话都是非常危险的"的文字已经被传播出去了。

太快屈服

我们可能相信抗拒太强大了,以至于在我们识别出抗拒的真实水平之前,或识别出是否已经存在某种达成共识的方法之前就放弃了。我曾经见过一个被官僚击垮的中层管理者,他在变革项目启动之前就差不多要放弃了。他们像是生活在悲观

[①] 译者注:作者虚构的人名。

主义的云朵之下,只要云朵一变暗,他们就会放弃计划。他们很少会再等等,看看风暴到底有多么强烈。这些人未能看到事情的背景,也看不出什么时候进行交流可能是安全的。

为什么条件反射反应很少起作用

为什么条件反射是危险的,为什么应该规避它,有以下一系列原因。

条件反射反应假定你是对的别人是错误的

阴暗的秘密在于所有这些条件反射其实都是一类事的变种,它们都建立在"你是对的,别人是错误的"假设基础之上。没有听的必要,也没有被影响的必要。所有要做的事就是让他们按照你已经定好的去办,这是一个非常傲慢的姿态。

想象一下你在条件反射的接收另一端,那一刻你将如何回应?这种交换视角的长期影响是什么?这就是我们不假思索地将条件反射施加于别人时将要发生的事情。

条件反射反应加剧了抗拒

当你屈服于条件反射时,你将"交换"转为了与他人的"竞赛",谁的想法会赢?

当人们感到他们要失去什么的时候,他们通常会反击。当库克和怀尔德忽视反对力量时,北弗吉尼亚的居民们形成一个团队去抗击他们眼中对社区形成的威胁。

许多社会现状都是非输即赢的价值观。每晚,电视台都服务于战胜了对手的主角；体育页面以头条新闻的方式告诉我们谁赢了和谁输了；新闻故事的框架都是对手之间的战斗，即使只有报道者本人认为那是竞争①。这种思维模式是如此普遍，以至于我们甚至未能看到或许还有其他的可选项。

输赢思维模式的问题是，当我们需要合作时它限制了我们的选择。我喜欢运动，我不希望棒球变成一个没有输赢的新时代的运动。但在工作中，"我们对抗他们"的模式就是杀手。当我们的产品设计"团队"努力将一个新产品投放到市场上时，我们进入"全场紧逼"模式，在会计反对之前把它推出来。总部"运回本垒"一个新设想，我们的"全垒打""灌篮""两分钟冲刺"，以及"闪电战"让那些本应该成为我们业务合作伙伴的人们变成了竞争对手。

尽管我们将这称作**良性**竞争，但其实根本不是。假设我们的新想法受到了坚决反对，我们就开始把拯救我们梦想的战斗视为一场大逃杀，战利品属于胜者。

如果竞争是唯一的方式，那么与所有在结果上下赌注的人们建立同盟将是不可能的。竞争让我们认为我们的利益与他人格格不入，即使他们可能就坐在我们旁边的办公室里。

取胜很可能是不值的

公元前 279 年，皇帝皮洛士（Pyrrhus）在阿斯库伦与罗马人的战斗中，他的军队获胜了，但却是以巨大代价换来的。据说他曾经公开说道："再来一次这样的胜利，我就会失败了。"②

---

① William Glaberson. *Week in Review*. New York Times, 1994-10-09.

② Columbia. *Encyclopedia*, 5th ed., 1993.

第4章 条件反射反应的危险

这样牺牲惨重的胜利在组织中是常见的。

我们不惜一切代价想要赢的欲望蒙蔽了会带来的损失。20世纪福克斯公司尝试一种新方法,将电影卖给电视网,取代出售版权来赚取固定费用的模式使他们在销售网络之间挑起了竞购战。提供的第一部电影是《海神号遇险记》。销售网络的主管们无法阻止自己,即使他们意识到他们的报价已经超出了收支平衡点。不是说他们特别想要得到这部电影,仅仅是因为他们不希望对手得到它。美国广播公司(ABC)出价330万美元终于得到了这部电影在此阶段的独家放映权,他们也知道损失将超过100万美元①。那是在1973年,按照现在来计算,损失差不多是500万美元。

美国广播公司仅仅是在花钱方面"胜利"了。当在一个组织内发生激烈的竞争时,你的胜利将在那些失败者的口里留下苦苦的滋味。等到

工具箱:关于当条件性反射发生时如何处理的方法,可访问 www.askaboutchange.com,搜索 Knee-jerks。

了我们要努力为下一个变革寻求支持的时候,胜利的代价就开始显现了。直到这时我们才恍然大悟,胜利的成本太高了。博弈论告诉我们,在经济、贸易甚至战争领域,肆无忌惮地怂恿去赢得不断升级的冲突,通常会导致僵局或者代价极其高昂的胜利。博弈论通过建议玩家寻找可以双赢或将双方损失降到最低的策略,来搜寻替代"零和博弈"的其他选择。(一个赢家与一个输家,或者刚才例子中的情况,两个都是失败者的博弈。)

---

① Robert B. Cialdini. *Influence*. New York:Quill,1984:254-255. 在惨败之前,电影《巴顿将军》的最高版权租价是130万美元,远低于《海神号历险记》竞拍的阶段性放映权价格。

处理你自己的条件反射反应

在这些策略中你可能认出两三个你最喜欢用的条件反射反应。不要感到难过,当人们抗拒我们时,这些是绝大多数人的第一反应。我们期待别人先思考再反应,但我们发现我们自己会不假思索地使用条件反射反应策略。

关键在于不要允许那种内在反应——那种发射的肾上腺素——将我们抛向失衡。

思考你个人的条件反射反应和你的组织使用的典型条件反射反应也是非常重要的。例如,你可能会使用"理性的力量",然而组织可能会倾向于不假思索地使用权力。考虑你如何在两个层面下处理抗拒,一个是你个人层面的,另一个是组织层面的。

工具箱:评估对组织要避免什么,可访问 www.askaboutchange.com 搜索 what to avoid assessment。

理解你的典型回应是第一步,以此为基础找到替代它的更好选择。

架起"知"与"行"之间的桥梁

认知什么会触发你的条件反射反应,这样你就能开始注意早期的警告信号。然后实验各种方法来避免这些条件反射反应,或者摆脱已经发生的中度条件反射反应。

线索:最好的早期预警信号就是你的身体——它会立即反应:肌肉收紧、拳头握紧、心跳加速,这些信号比我们现场的思维和感觉更容易捕获。在条件反射反应的世界里,对思维和觉察有感知的时间大大晚于身体做出第一反应的时刻。

采访杰弗里·贝尔曼

不言而喻的游戏

杰弗里·贝尔曼(Geoffrey Bellman)是个咨询师,是《当你不是负责人时如何把事情搞定》(*How to Get Things Done When You're Not in Charge*)的作者,也是《非凡团体:普通团队如何取得惊人的成果》(*Extraordinary Groups:How Ordinary Teams Achieve Amazing Results*)的共同作者。他向内审视的意愿和坦率地表达他的发现令我印象深刻。尽管他谈论的是作为一个咨询师或变革催化师(change agent)所扮演的特殊角色,但我认为他是说给所有在组织内工作的人听的。

我:抗拒来自哪里?

杰弗里:抗拒与当下系统中的表象不一定有关联,它与我们正在表演的人生游戏有关——在我们自己的生命中,我们要成为什么样的人。变革催化师已经定义了我们自己想要的生活与客户的工作系统是不同的,我们对要"与它同床而梦"有巨大的抗拒,一提到它就像失去了独特的自我。我们害怕自己同他人全部一样了,我们不再是我们以前所定义的"独特"自我了。我们对独特的假设有一点源自等级思维：我更高级，他们更低级。听听我们是如何谈论与我们一起工作的人吧。其实构筑我们的基础是赤裸裸的人性。冰山之下是我们从来没有提及的人生游戏的原始部分，每个人降临到人世，贯穿其生活的就是达到目的（reaching）、贪婪抓紧（grasping）、执着坚持（clinging）、上升提高（lifting）、随波逐流（floating）。当我们脱掉了"组织"这个铠甲，我们有的都是相同的，但是我们很少承认这点。在这些方面我们都是同样的，我们都分享着一种抗拒，我们都抗拒深层次去寻找当下所做之事背后的深刻意义，去寻找为什么我们正在做着"我们正在做着的事情"。而且同时，我们抗拒着让这些"抗拒的原因"离去。

我：所以有什么可以帮助我们开始理解，我们每个人都正在参与着不言而喻的游戏呢？

杰弗里：请放弃过去我们试图完全理解它的想法，但总要一直努力去理解"不言而喻的游戏"，我们总能更多地发现我们自己和我们的游戏。我们需要承认游戏已经超出了我们能感知它的能力范围，这是个迷人的生活秘密。我知道这个听起来不是实操的，然而实操就是在痛苦中磨炼。另一点，每当我告诉我的客户"做这个""不要做那个"，我暗示这个游戏是"有解的"，其实不是。我给出的建议、技术、工具、模型都仅是为了完整地理解做尝试而已；这些工具不会给出完整的答案。我需要提醒自己注意这些，我也需要提醒我的客户注意这些。

我：因为我们特别想让情况得到控制，这听起来是非常困难的。

杰弗里：是的。尽管工具的确能帮助我们找到深层次的意义，但工具也仅是工具。然而如果我从积极"探秘"的角度去发现自己，那么每个全新的发现就可以成为全新的开始。每个人的游戏都会变得比我们能想象的更加丰盛。丰盛和纠结似乎总是相伴相随，而保持探索模式会让我接受游戏的本来面目。

第 5 章

忽视背景，将你置于危险境地

> 人们常常只能看到自己想要找到的东西，其影响是如此之深，以至于有些时候出现了这样的情境，那东西不在，我们却看到了它。①
>
> 埃里克·霍弗（Eric Hoffer）

2003 年 2 月 1 日，"哥伦比亚"号航天飞机在重返地球大气层时燃烧解体了。一个独立调查委员会给出了造成事故的原因，也给出了建议。他们写道："我们特意将事故放回到

---

① 译者注：这句话涉及心理学的背景知识。过于专注与期望不但会误看到不存在的东西，也会漏掉专注范围以外的背景。

它的背景中去。"①报告继续说,"我们认为这场事故不太可能是随机事件。在某种程度上,它更可能与美国国家航空航天局的预算、历史、项目文化有关,同时也与政治、妥协以及民主程序中事情的优先排序不断变化有关。我们相信在航天飞行项目管理中,对全局背景的忽视是造成此次事故的原因,致使泡沫脱落,并击中了飞机的左翼"。

如果我们期望找到某个东西(比如说发生事故的技术原因是什么),这会局限我们的视野,或者有让我们看不到同样重要乃至更重要的东西的风险。要迫使自己看得更为广阔,发问"还有什么其他的可能?"能扩展思维框架,能让我们对问题有更广阔和更深层的理解。

2008年遭受世界经济危机时,我们(媒体和公众)期望寻找到谁应该对这场灾难负责。我们必须找到一个坏人,而且也确实存在着坏人。然而仅仅只关注欺诈和骗子会干扰我们看到这场危机的潜在原因,使事情变得更复杂,这都是"背景"惹的祸。

为什么我们会忽视背景

越理解你正在从事工作的背景,你就越能有效地引领变革,但对于大多数人来说,做到这点是很困难的。我们每个人都知道,当某人在某个领域(比如信息技术,人力资源或金融领域)成为专家时,他就会具有类似激光的视野。他们极其擅长向你展示在那个领域什么是行不通的,以及给出解决问题的建

---

① 哥伦比亚事故调查委员会公告,2003年。

议方法,但是他们会忽视其他的线索。这让我想起一个组织给一个人贴的标签——团队的"质量守护者"(那可真不是恭维的话)。当此人说话的时候,人们知道他会将任何话题都关联到提高质量上去。并不是说人们不同意他提高质量重要性的观点,大家只是认为他遗漏了其他迫在眉睫的事情的重要性,比如下个月将如何偿还债务?

在一项研究中,要求参与者观看一段两个队伍在篮球场上的视频,一个队身穿白色衣服,另一个队穿黑色衣服。要求参与者计算穿白色衣服一队的传球数量。在他们观看的那段视频中,一位拿着伞的女士从球场中心穿过,只有20%的人注意到了她。另一组参与者是在没有被赋予任务的情况下观看视频的,所有人都看到了拿着伞的女士。这种现象被称作选择性注意。(在一个类似的实验中,一个穿着大猩猩套装的男性在这样的场景中漫步走过,其结果也是相似的。①)

许多变革计划强调资金问题,或对变革的技术层面给予了大量关注,或强烈强调与变革相关的人性问题。你也许会认为这是很好的想法,要确保计划中包括处理财务、技术和人事策略。当然,你是正确的,但是选择性还是让你漏掉了一大块东西——那就是背景。

许多组织支持狭隘的思维方式,他们招聘人是为了填补特定的角色。虽然这是讲得通的,但这会创造出专业封地。当这些人在一起工作时,他们各自独一无二的世界观被强化。当引

---

① Daniel J. Simons and Christopher F. Chabris. Gorillas in Our Midst: Sustained Inattentional Blindness for Dynamic Events. Perception, 1999 (28): 1063.

领变革的时刻到来时,他们自身的知识和舒适区就仅聚焦在他们专注的地方,他们不会看到"拿着伞的女士"。

爱德华·戴明(W. Edwards Deming)是一位在日本和美国发起质量运动的专家,他说:超过90%的绩效问题都是系统性问题,并不是个体的错误,然而人们为了解决问题却坚持做个人绩效管理计划,就像面对夏季感冒问题所做的一样。

专注个体绩效渗透到了我们所做的很多事情当中。当我们阅读推理小说时,我们寻找"谁做的";在运动场上,我们想知道谁是周日重要比赛的最有价值球员;在商业和政界的世界里,我们想知道应该给谁鼓掌和应该责备谁。当然,英雄可以在一夜间变成恶棍。

但是专注于个体或专注于某个成功或失败的单一原因是不得要领的,所有事情的发生都有背景原因。

苹果坏了,还是装苹果的桶坏了?

2004年,阿布格莱布监狱(The Abu Ghraib Prison)丑闻爆发。笑容满面的狱警折磨囚犯的照片被曝光了。人们想知道这是如何发生的,并且谁应该负责任。她被找到了,她就是专员林迪·英格兰(Lynndie England),她被拍到在走廊上拽着躺在地上囚犯身上的皮带。林迪·英格兰和其他11人一起接受了军事法庭的审判。林迪·英格兰和另外一个士兵被判入狱,其他人也都被开除了,上级主管从上将降级为上校。

著名的心理学家菲利普·隆巴多(Philip Lombardo)接受了美国有线电视新闻网(CNN)采访。采访者提出这起丑闻或许仅仅只是几个烂苹果而已。隆巴多说:"问题不仅仅是几个烂苹果而已,事实上是装苹果的桶坏了。"

这12个被惩罚的人被认为是坏苹果,丑闻很快就消散了。任何考虑在另一个城市建造和经营监狱营地的人,如果能牢记隆巴多的话就会做得更好。这是桶的问题,如果你建造了同类型的桶,你很可能就得到类似的结果。

许多伟大的组织在基础方法上都是相似的,就是它们已经有了好桶。现在查看一下你的组织的背景情境,每个独一无二的桶都能创造出支持某些特定类型行为的条件,你把背景引领向何方会产生巨大的不同。

"但有什么标准吗?"我已经听到你在吼叫了,我们当然需要标准。这儿有坏苹果了,常常是我们首先能看到的东西,但是接着我们就不再寻找了。我参观过一个制造手机的工厂,在那里人们成功地发起了由基层领导和员工参与的项目,此项目让质量和生产率得到了令人震惊的提高。我与生产线上的其中一位员工交谈,并问是否有人对此项目不买账,继续把工作视为朝九晚五的乏味劳动。他说那个群体大约占所有员工的5%。他接着说,如果他们过于关注这个小群体,就会分散对另外95%人群的注意力,分散对做着伟大工作的人们给予的支持。

我们如何能做到两者兼顾?要在同一时间,既专注于我们眼前的东西又专注于事情内在的背景呢?我们如何知道什么时候忽略惨淡绩效的5%群体而聚焦于95%群体呢?

单眼视力隐形镜片组合允许佩戴者能用一只眼看清近距离的事物,用另一只眼看清远处的事物。当我们审视组织时,

第 5 章 忽视背景，将你置于危险境地

就需要像这组镜片一样的东西。我们需要既看到全局又看到细节。多年以来，我发现单眼视力隐形镜片组合的比喻，对我不要过度迷恋于通过一只眼看画面很有帮助。

为了擅于运用两个镜片看东西，我们需要知道透过不同的镜片看到的世界分别是什么样子的，否则我们将继续依赖我们熟悉的方式看问题。我会假设你们大多数人都十分擅长看到眼前的事情。你擅长捕捉细节、你能精确区分绩效的优劣、你能在分类账中发现错误、你能挑出生产流程中的小缺陷、你能从计划过程中找到漏洞。对于我的多数客户来说这个描述是正确的。

接下来将考察你如何使用另一个不那么熟悉的镜片，一个可以看到背景的镜片。

看到背景

人们常常用一只在亚马孙丛林中扇动翅膀的蝴蝶是如何对西雅图的天气产生影响进行类比，以此来努力解释混沌理论。换句话说，对天气条件的改变可以来自任何地方。这不是说我们要找到那只愚蠢的蝴蝶并摆脱它，而是说来自各地的许多事情都可以对世界其他地方的天气带来影响，你不能精确地知道影响都来自哪些地方，什么时候以及为什么，这就是混沌。哥伦比亚航天飞机灾难调查委员会明白这个道理。

一个组织中变革的背景与之很相像，支持、反对、新的威胁、市场条件的变化等都可以影响到变革。支持或威胁变革的事情似乎可以来得很突然，这就是生活。

成为一个伟大的领导者是传说中的事，但"背景"却可以让你身处其中；另一方面，你也许从来没拿自己当作过领导，但"条件"会改变一切，会让你成为领导。你会面对挑战，你会令自己都感到惊奇，你会是卓越者。谁能预测到亚伯拉罕·林肯将会成为美国最伟大的总统？如果你曾看到过他在公共服务方面的局限性，在小城镇法律实践中的谨慎，你很难想象当美国面临四分五裂的时刻，他能勇于接受总统职务的挑战。

不管我在这一章中写多少，都不可能囊括所有要涵盖的东西。理由很简单，我们不可能知道所有可以产生影响的力量。然而我们可以从主要背景的线索方向上着手，这样做可以增加有利于我们的概率。

我将"看到背景"主要分为三类：

- 与引领变革相关的组织文化；
- 周围环境的切换；
- 作为变革领导者，你的心智模式。

与引领变革相关的组织文化

"每个管理决定或管理行动的基础都是关于人类本性和人类行为的假设。"[1]这句话是道格拉斯·麦格雷戈（Douglas McGregor）于 1960 年写的。今天，它仍然可以作为有益的指引来发现组织或领导者的价值观是什么。

你可能想知道为什么我会选择关注数十年前做的研究，以商业书籍术语来看，它几乎是前活字印刷时代（pre-

---

[1] Douglas McGregor. *The Human Side of Enterprise*. New York: McGraw-Hill, 1960: 33.

第5章 忽视背景，将你置于危险境地

guttenberg)的产物了。然而,当我看到麦格雷戈的原作时,我被它们能如此好地言中今天的商业领域而深深迷住。诚然,今天的组织看起来是不同的,麦格雷戈的书说的也是不同的事情。但是每个人都知道书里讨论的是"团队如何做到"、如何做到"我们所有人都是一个大家庭"的问题。还有,当你划开问题的表面,你会发现 X 理论和 Y 理论在里面跳动。欢迎回来,道格拉斯·麦格雷戈!

麦格雷戈所做的工作给了我所需要的基础,在此基础上看到什么是支持成功变革的环境。我很感激麦格雷戈所做的工作,这能让我在他的思想上即兴演奏:披着羊皮的 X 理论以及创造误导性的 X。

在驱动人行为方面,麦格雷戈提出存在着两套不同假设:X 理论和 Y 理论。

用麦格雷戈自己的话说,那些认为 X 理论正确描述了人类本性的人,他们的信念是:

1. 普通人天生不喜欢工作,如有可能,他们会尽可能地逃避工作。
2. 因为人类有不喜欢工作的特性,对大多数人必须施与命令、控制、引导,并用惩罚来作威胁,才能让人们付出足够的努力以达成组织目标。
3. 普通人更喜欢被领导、想逃避责任、很少有雄心壮志,总的来说想要的是安全感[①]。

[①] Douglas McGregor. *The Human Side of Enterprise*. New York: McGraw-Hill, 1960: 33-44.

麦格雷戈这样描述其他相信 Y 理论人的信念：

1. 在工作中的体力和脑力付出与娱乐或休息一样自然。
2. 外部施加控制和用惩罚来作威胁不是唯一让人们付出努力、让组织达成目标的手段。在服务于自己承诺的目标过程中，大家愿意实行自我导向和自我控制。
3. 对目标的承诺有一个奖赏的功能，奖赏会与达成什么样的成就相关联。
4. 在适当的条件下，普通人能够学到东西，不仅仅是接受责任，而且还会寻求承担责任。
5. 在解决组织问题上，很多人都能被训练成具有高度的想象力、灵活性和创造性的人，他们不是少数。
6. 普通人的智慧潜能只是部分地得到了发挥[①]。

X 理论创造出了查尔斯·狄更斯认知的世界：血汗工厂和地狱，这是一个从上到下都不信任的世界，也是从上到下都实施贴身管理的世界。

一本在 X 理论环境下有关引领变革的书或许会建议你需要告诉人们去做什么，并且密切监督他们的工作，因为不在你警惕的眼神下，按期完成任务就没有保障。这本书将会继续建议你需要使用哪些手段让你控制人们去做你期望他们做的事。威胁、惩罚、操纵以及解雇员工的技巧对你来说是成功的关键。这样的书很像是献给马基雅维利（Machiavelli）的。

---

① Douglas McGregor. *The Human Side of Enterprise*. New York: McGraw-Hill, 1960: 45-57.

哲学家杰里米·边沁（Jeremy Bentham，1748—1832）描写过一个工作场所。在那里，监工头会坐在生产设备的顶上，并注视着所有工作的人，于是任何人在任何时间都在被监督着。同意 X 理论的领导者将会喜爱这样的监督方法。

Y 理论创造出了另一个世界。想想在过去几十年里任何一本歌颂经营良好公司的商业书籍，你最经常看到的都运行在 Y 理论的世界里。

工具箱：要获得 X 理论和 Y 理论的评估表格，可访问 www.askaboutchange.com，搜索 Theory X and Y。

仅仅环视周围，你就会看到有很多期望用尊严和尊重对待各级员工的公司。对此我最喜欢说的就是大名鼎鼎的诺德斯特百货员工手册，它的全文是：任何时刻你所采用的都是最好的判断。简单一句话就概括了 Y 理论的精神。

所有鼓励各阶层广泛参与的系统性变革方法，都建立在 Y 理论是正确的假设基础之上。

19 世纪血汗工厂与 21 世纪开放学习型组织很容易被放在一起作对比，后者鼓励人们做出能影响商业的决定。鉴于商业书籍和大多数管理培训的性质，你有可能被欺骗了，想着只是说说信任、协作和团队合作就会从 Y 理论文化中获得收益。当心……

披着羊皮的 X 理论

管理者都知道如何隐藏他们的真实信念。关于为什么要激励他人，在很多情况下他们甚至不允许自己看到最深层的信念是什么。以下是一个公司价值观的宣言：

尊重：我们以希望自己被对待的方式来对待他人。我们不能容忍辱骂或不尊重的待遇，无情、冷酷、傲慢根本不属于这里。

正直：我们公开地、诚实地、真诚地与顾客和潜在客户打交道。当我们说我们要做什么事情的时候，我们就会做到；当我们说不能或不会做什么事情的时候，我们就不会做。

鼓舞人心吧？听起来像是在伟大的 Y 理论工作场所，直到我们意识到这是安然（Enron）公司的价值观宣言。①

创建有误导性的 X

无论显而易见或隐藏的 X 理论都假设做事是很危险的，这样的假设就创建了有误导性的 X。

将人们看作不能做出成熟决定或不能承担责任是培养 X 理论的行动。我们可能说我们相信 Y 理论（看安然公司的价值观宣言），但是行动上却相信 X 理论是正确的。如果我们这样做了，我们就为我们本要努力避免的行为创造了滋生条件，这真是相当讽刺和悲哀的。

环视周围，如果你看到人们很少有主动性，好像从没被激励过，根本不希望参与进来，不会去做志愿者，除非给 50% 的加班费，否则不会加班，你可以得出结论，在这里 X 理论的假设是正确的。也许真的很不幸被 X 理论说中，你们组织雇用

---

① 译者注：2001 年 12 月 2 日，安然正式向破产法院申请破产保护，成为美国历史上最大的破产企业。安然公司的管理层，包括董事会、监事会和公司高级管理人员遭到质疑，并面临疏于职守、虚报账目、误导投资人以及牟取私利等指控。

的人都是懒惰的，都是不靠谱的无用之人；另一方面，你也可能会看到员工在被对待时的反应，你很可能就是组织实行 X 理论行为的一部分，你也可能创建了有误导性 X 的工作场所。

告诉你一个非常简单的方法。如果人们来工作的第一天是带着热情走进大门的，而几个月后他们看起来像是正在参加"活死人之夜"(The Night of Living Dead)①的庆功派对，那么你有可能正在创建令人误导的 X 文化。

你，一个管理者，可以作为管理层的一部分建造并维持坏的桶。

心理学上有一个非常强大的概念叫"社会认同"(social proof)，我们认同了某些事，是因为其他人都这样做。罗伯特·西奥迪尼(Robert Cialdini)说："但是大家很容易忘记这点，对于看到的同一事件，似乎所有的人都在找社会认同。我们都喜欢在众人面前表现出镇定和沉稳，我们可能会伪装，静静地，简单瞥一眼周围来看别人怎么做。"②所以，如果没有人担心，那就一定没有什么好担心的。

当与某个管理者共事时，我发现他的价值观及对他人的希望常常落在 Y 理论阵营里，然而看他的行为及他对管理团队实践的支持，又像是 X 理论。我想可能是"社会认同"在起作用。看看周围，大家似乎并不担心什么。事实上，对于在自家院子内建一个惩罚人的设备，好像没有什么人担心。所以你认为"如果大家都不担心，那很可能这事没有我想象的那么坏"。

---

① 译者注：由乔治·A. 罗梅罗所执导的一部黑白恐怖电影。该片故事说的是，当地狱再也没有空间可以容纳死者的时候，他们只好又走回到地面上来。

② Robert B. Cialdini. *Influence*. New York：Quill，1984：133.

我们在哪里：X 理论或 Y 理论

希望仍在，因为大多数人喜欢 Y 理论的假设。如果你能开始做出更人文化的文化改变，你就可以看到行为上的重要转变。人们渴望有尊严和被尊重。

我请你回答这两个问题：

- 我的组织处于从 X 理论到 Y 理论区间的哪个位置？
- 我相信什么？（我相信 X 理论可以描述大多数人类行为，还是我相信 Y 理论能更好地描述和我一起工作的人们？）

寻找什么

判断你和你的组织倾向 X 理论还是 Y 理论时，你需要思考下面一些事情。

从独断做决策到兼听做决策：真实地问问自己是如何做出决策的？忘掉悬挂在公司某处的价值观宣言吧，忘掉诸如"尊重所有的意见"以及"团队合作是我们的目标"之类的标语，还是去看一看真实的情况，人们到底是如何做出决策的。

都是资深人士做出决策吗？谁有权说"是"或"否"？想想当最高层以外的某人提出一个想法时发生了什么？那个想法最后怎么样了？有不成文的东西来规定谁才可以谈论某个特定的话题吗？当某人不同意负责人或负责的团队时会发生什么？很明显，一个 X 理论组织有可能会表现出命令和控制文化，以及掌控决策权。

从贴身管理到授权：X理论组织需要控制一切。在杰里米·边沁的世界里，管理需要在每一分钟都监视人们的工作。一个Y理论组织更可能信任大家，并且明智地授予职权和责任。这并不意味要授权给所有的人，一旦有人证明他或她能胜任这个工作，他们就会减少贴身管理而选择更多的授权。

从害怕到信任：当人们看到了事实，会害怕说出真相吗？或相反，他们感到被信任，必须以信任他人作为报答吗？

从封锁关键信息到公开信息：谁能接近推动业务的信息？管理者像保护财务数据那样保密战略方向信息吗？或者你的组织会公开未来趋势的数据，让所有人都看到未来要走向哪里吗？

从家长式关系到成人与成人的关系：家长式作风可能看起来像是对管理者很有关怀，但其实是他们担心下属有权力。位高而贵，管理者会照顾好这帮小孩子的。但这种关系削弱了人们的主动性，导致了过度保护，使得管理者的行为软弱无力。

不用说，独断做决策、贴身管理、害怕、封锁关键信息、家长式关系代表了X理论。标识出Y理论的词语有：兼听作决策、授权、信任、公开信息、成人与成人的关系。

第一个问题：你的组织在哪里？

| X理论 | 偏向X理论 | X和Y | 偏向Y理论 | Y理论 |

第二个问题：对应你自己的信念，什么可以激励人们，这时你在哪里？

对上述问题的诠释

X/X（组织的价值观是 X，你的也一样）：如果你将自己定为一个在 X 环境下工作的 X，你就不可能在这里读这本书了。但是，也有可能你仍然在读着，你看起来好像已经找到了一个完美的归巢。你的价值观与组织的价值观是相符的，然而不幸的是，为变革建立信任将会十分困难，因为任何想要让人们做出投入的努力都会遭到质疑。你期望的最好结果可能就是顺从。不要期盼承诺，人们不会为一个项目的成功而付出额外努力。

X&Y/X&Y（组织的价值观是混合型的，你的也是）：像收发室分类信箱一样，你和你的组织可能将人们分到不同的格子里。可能对某些格子里的团体用 Y 理论对待，其他格子里的团体用 X 理论对待。一些老的工会管理组织用 X 理论看待工会，用 Y 理论看待管理。我已经将等级、种族、性别、毕业学校，以及军队中的等级排列（即使你今天在一个民间组织里也一样）作为假设，来决定对某群人用 X 理论还是 Y 理论。只要你发现有 X/Y 的划分，就很难通过组织建立对变革的支持，因为你不会信赖从 X 理论群体那里听到的信息。

Y/Y（组织的价值观是 Y，你的也一样）：对于鼓励人们变革来说，这是理想的类型。你相信人的内在动机，而且你的组织也鼓励人们通过实践做到最好。所以，你为什么仍然浪费时间读本书呢？赶紧走出去与大伙儿一起干事业吧！

X/Y（组织的价值观是 X，而你的价值观是 Y）：这是一个非常普遍而艰难的情境。涉及"背景"的这一章就是为你而写的。你已经知道你该在哪些领域使劲，你不能假设你的观点会得到支持。你必须尽可能向那些掌权人展示努力让大家参与是有意义的。你可能需要做小的试航实验以让管理者从中自己悟出道理。也许只需引出一个单项的改善，或某项重要问题的质量提高，但都必须在确信能取得切合实际的成功领域来开展变革。你需要有战略性，你不能承担犯错的后果，你的老板和赞助人很可能不会原谅你，不会再给你第二次机会。

问问自己，如果尽了最大的努力，我能在这个环境里发光吗？如果不能，也许是时候离开了。尽管有可能性，然而只凭一个人好像不能扭转（除非你有令人讶异的可信度和权力）一个 X 理论的组织。

Y/X（组织的价值观是 Y，而你的价值观是 X）：你这不幸的小青年，生活已经开始对你如此尖刻了。所有那些动人的鼓励参与的想法都跟完成工作没有一点关系。不是吗，这帮人都是谁呀？你也许信了喜剧演员厄姆·菲利浦（Emo Philips）说过的话："真正的男人没有灵魂。"如果那样的话，你就正在一个错误的组织里工作。即使你通过暴力变革获得了成功，你也很有可能在改变的过程中损坏了自己的声誉。除非你快速地改变心智模式成为另一种人——他给大家更多机会让人们表现得像自我激励的成人。否则，你的职业生涯就像推着一块岩石上坡（会很艰难）。

如果你相信 X 理论是事实，该怎么办？

如果你倾向于 X 理论的假设，你可有如下选择：

选择 1. 如果你的组织倾向于 Y 理论，不要迎接引领变革的挑战。如果你要迎接这样的挑战，你就是自找麻烦。因为极有可能你会失败,所以你为什么要这样对待自己呢?

选择 2. 找一个 X 理论的场所去工作,这样的地方仍然存在。而且令人惊讶的是,其中一些场所通过提供大量金钱吸引和留住非常有天赋和有激情的人。好像他们在说:"给我你的所有吧,当你 55 岁的时候,我们会让你变得比你想象的还富有。"这其中有一些组织做得相当不错,但是我自己做的非正式调查结果显示,他们中大多数是失败的。

选择 3. 最后,这也是我希望你可以考虑的选择,改变你的心智模式。真的,你能改变的。你已经开始想了,而且这是可能的。在这一章后面有更多关于心智模式的论述。

如果你相信 Y 理论是事实,该怎么办?

假如你是一个倾向于 Y 理论的管理者,在倾向于 X 理论的组织内工作,你也有选择。

选择 1. 你能引领希望,组织会感激你以创新的方式与大家一起工作。然而随着掌声逝去,人们会擦着眼中的泪水,并承诺只要你需要,他们会以任何能做到的方式来帮你。

这是一个危险的方法,但也是很多善意管理者采取的方法。这在书里和电影里看起来都很好,但是你的真实生活更像是情景喜剧中的**办公室**或是电影中的**办公空间**。如果你想建起这种工作氛围，我打赌它肯定建不起来。有极大的可能你会失败，请不要选这一项。

选择 2. 为引领变革你可以先把机会的期望调低，当然这将消耗你的成本，不然你会在引领变革中失败，这正是他们所期待的。例如数年前，方牌（Fram）做了一个机油过滤器的商业广告。画面里一个技工站在起重机下，技工提起一个 10 美元的机油过滤器说："先付款后付款都行。"但很显然汽车才是这个机会有更高期望的主攻领域。

选择 3. 你要将寻求支持加入你的计划表里。因为文化与你发生冲突，你必须得到你能够得到的所有支持。确定谁必须支持你，并开始有策略地去赢得他的支持。谨慎前行，用变革循环周期评估，确保你没有走到你的赞助人或其他股东的前面。

周围环境的切换

环境是你所呼吸的空气，空气质量对你所做的大多数事情产生影响。当跑步运动员为 1968 年在墨西哥城（海拔高度是海平面以上 2309 米或 7575 英尺）举办的奥运会接受训练时，他们是通过在高海拔地区进行跑步训练来备战的。他们知道一个在海平面高度的伟大跑者将不足以在更稀薄的空气中赢得比赛，他们是理解背景的。

这是本章中我最后一次用运动做类比了：想想美式橄榄球。为了利用对手的弱点和自己的优势，教练计划了一套打法。整整一周时间团队都在练习这些打法。但比赛的前 1/4

阶段，其明星四分卫就拉伤了后跟腱不能参加剩余的比赛了。对手决定——没有咨询你呀——本周改换自己的进攻策略，取代原来一次性奔跑进攻的策略，他们引入了一种复杂的通过型打法。突然间，所有精彩演习过的打法都失去意义了。现在，变成一场新比赛了。你是沿用已经练习了一周的打法，还是意识到条件的改变，需要做出调整？

你当然会努力调整的，引领变革也是一样的。基于一套你做了计划的假设，但这些假设甚至在你起始行动前就可能变化了。这就像蝴蝶再次扇动了它的翅膀一样。

你只能预见部分环境，然而你对环境了解越多（就像知道比赛的准确海拔高度一样），当需要的时候，就越容易做调整。以下几个实例可能会对你有所帮助。

- 你是一个国防项目承包商，现在联邦政府在资源如何分配上做了重大转变的决定。原因是某些立法委员看到在他们的区域新开了个工厂。直到两周前，这个决定根本不在你的视野范围内。现在你心如乱麻了。
- 你是一家汽车代理商，顾客喜爱你。你的大多数销售额来自重复购买和口碑传播，事情简直不能比这更好了。你突然听到新闻里说，你代理的汽车生产厂允许销售不安全的汽车已达数年。这个新闻报道不断蔓延，政府已经参与调查，你的声誉和销量一落千丈。
- 一个基金已经支持你的非营利剧院多年了，他们现在决定将大部分资助转移到教育机构。你现在每年能得到他们100万美元的资助，下一年将变为10万美元。

- 你在全世界提供手机电话服务。谷歌决定自己制造手机，让人们从他们那里购买手机，并选择他们的手机服务计划。这是一个新市场。
- 在一个大都市里，你管理着整个公司的 DVD 租赁店铺。不久奈飞（Netflix）公司出现了，它们似乎有所有 DVD 影片，超过归还时间不收滞纳金，而且顾客可以通过邮寄返还 DVD。正当你准备面对这个挑战时，奈飞公司又开始提供在线电影了。
- 在 20 世纪 70 年代初期，欧佩克组织决定控制产量并由此控制各成员国的油价。除了荷兰皇家壳牌以外，几乎没有任何人看到它的影响即将到来。荷兰皇家壳牌赶紧搞出了一个叫"情景规划"（scenario planning）的流程，在"情景"里面，他们设想此事的影响很可能不久就会发生。以此情景推测，展现出欧佩克将会成为一股巨大的力量。而壳牌的竞争对手们却在打盹，美国汽车业也没有看到这个影响。壳牌"将情景规划落地的能力"让他们从一个相对较小的石油供应商转变为全球最大的供应商之一。

工具箱：关于情景规划的价值，可访问 www.askaboutchange.com，搜索 scenario planning。

常见的觉察

当你思考环境变化时，对于下列事情，你也许已经给予重视了。

- 当前的商业环境是什么，能预见它将会怎样变化？想象一下，未来的几个月或几年中会发生什么？潜在的威胁是什么？潜在的机会是什么？
- 在未来的几个月或几年中，我们顾客群体的人口结构统计数据将会如何变化？
- 有什么需求能让我们干上两年的？
- 我们的顾客或潜在顾客的心中偏好有任何转移的迹象吗？
- 下一代员工的人口结构统计数据会是怎样的？我们还能以我们能承担的成本雇到符合我们所需的人才吗？
- 对于所提供的价值我们做了什么样的假设？

这看起来很像战略规划的 SWOT 分析（优势、劣势、机会和威胁）。想象有可能发生的事是一个很好的方法，但重要的是你要抛开谈话的限制边界，才可以让大家讨论和想象本来不能想象的事情。你很了解这类触痛人的提问，"如果发生了……会怎样……"大约 55％ 的人死于不愿意做这样的提问。我们不喜欢讨论不可避免的事，更不用说讨论可能发生的糟糕事情了。作为管理者，你需要推动你自己和同事去问有关工作环境和不可抗力的困难问题。如果有文化调研或某些工作模式，这些事项值得添加到"常见觉察"的范围里。

不常见的觉察

下列事情很可能是重要的，然而它们也许不是典型 SWOT 环境分析模型能涵盖的部分：

- 全球或国内政治气候(它可以是世界某地区的动乱或是国内行政管理的某项变化)能对"我们做什么"以及"我们怎么做"产生什么影响?
- "人们的恢复能力是怎样的?"达里尔·康纳(Daryl Conner)在《根据变革的速度实施管理》(Managing at the Speed of Change①)一书中使用了这句话,他就是为了让我们注意这样一个事实,那就是有时候想法是好的,但人们已经精疲力竭了。(顺便说一句,康纳可能是第一个把"对变革的抗拒"当作严肃问题对待的人,他没有把它降为"投桃报李"的战术。)
- 在组织的历史中,哪个变革很像我们正在计划的变革?对这类变革努力,人们是正向看待,还是负向看待它?
- 组织有没有其他正在做的事情,这些事情能把人们的精力从完全致力于这项变革中转移出来吗?
- 有什么可以预见的事情吗,我们早知道这些事情会占据大家的时间和关注力吗?
- 工作中有没有其他的项目与我们的项目争夺人和资源?
- 我们设想出现最坏场景的能力如何?想想皇家壳牌公司和欧佩克的故事。

或许最难记得要做的不常见觉察是:多重现实。当你说到某个新项目时,每个人都会用自己的眼睛去审视它,并且用

---

① Daryl Conner. *Managing at the Speed of Change*. New York: Villard Books,1992.

自己终生打磨的"镜片"去解释它。他们对"事实"的第1级解释有可能与你的解释有显著的不同。他们的第2级抗拒情绪反应也可能与你的相当不同。有关他们对你的信任(第3级抗拒),你看到的图像与他们自己的世界之不同可能是令人震惊的。对于当下**自己的世界**,他们看到的图像与自己心目中的图像是100%一样的。(就像对当前环境,你看到的图像与你心目中的图像一模一样。)

还记得亚马孙的蝴蝶吗?任何事情都可以改变人们看待事物及做出反应的方式。想象一下,克里斯的叔叔被组织解雇了,而此时在另外城市的一个组织正在经历一场类似的变革,因此有人可以推测该组织已经有了解雇人员的计划。克里斯作为一个内部知情者把推测告诉了其他人,这些人又将之传播。在你安排第一次会议之前,传播很快就有了病毒式反应。这类事不仅是可能发生,而且一直都在发生。

作为变革领导者,你的心智模式

有一个桑德堡(Carl Sandburg)讲的故事。一个陌生人走进一个小镇,问一个坐在门廊上的人这个镇上的人怎么样呀。坐着的人说,"让我先问问你,你原来住的地方的人怎么样呀?"陌生人告诉他,他们那儿都是一些卑鄙、带有恶意和毫无用处之人。坐在门廊上的人回复说,"很有意思,在这儿你也能找到所有这些人"。当天晚些时候,另一个陌生人走进这个镇子,坐在门廊上的人也问了同样的问题,他原来住的地方的人怎么样。陌生人答道,"我不愿意离开那里,他们是这个世界上最好的人。他们可以把自己穿的衬衫脱下来送给你"。坐在门廊上的人回复说,"你很幸运,在这儿你也会找到所有这些人"。

心智模式在我们如何与他人共事上起着巨大作用。斯坦福大学教授卡罗尔·德韦克(Carol Dweck)说"心智模式构建了大脑里的往来账户",在这个领域她是引领型的研究者①。她发现人们或倾向于固定型心智模式,或倾向于成长型心智模式,并且人们的世界观大相径庭。

固定型心智模式是"证明固有能力的需要",成长型心智模式是想"通过学习来发展"。② 她让大家联想安然,作为一个公司,它是固定型心智模式。安然聘请了非常聪明的人并付他们高薪,一切好像都很顺利。安然尊崇人才,"从而迫使员工在行动上和看上去都表现出非凡才华……迫使他们固定自己的心智模式……从我们的研究中得知,拥有固定型心智模式的人不会承认并纠正自己的缺陷。"③再联想肯·莱(Ken Lay),安然公司的创始人、董事会主席和CEO,轻视那些位置低于他的人,像对待农奴一样对待他们,包括公司的总裁,该总裁是少数质疑公司是否走向错误道路的人之一(如果不是唯一的人)。

固定型心智模式的人们需要成为**明星**。

成长型心智模式则是截然不同的,它依靠"挑战"来让自己丰盛。它相信学习——跌倒后自己再爬起来,找到错误出在哪里,不断尝试。如果安然公司能在"成长型心智模式"的基础上建立信念,它仍然可能会聘请聪明且有才干的人并付他们高薪,但是接着它将会找出让这群超级明星更上一层楼的方法,

---

① Carol S. Dweck. *Mindset*. New York: Ballantine, 2006: 215.
② Ibid, 15.
③ Ibid, 109.

其必将来自实践和经验教训。

吉姆·柯林斯(Jim Collins)和他的小组研究了很多伟大的公司①,卡罗尔·德韦克指出,每一个例子里的管理者都被证实是一个成长型心智模式的人。用她的话说,"这些自谦的人持续不断地提出问题,并且拥有面对最残酷答案的能力——也就是面对失败,甚至牺牲自己,却依然保持着必将获胜的信念"。②

当你轻易就把自己当成是成长型心智模式的人的时候,这恰恰表明你不是。卡罗尔·德韦克写道,即使肯·莱的公司已经摧毁了很多人的生活,他还是希望被视作"一个善良且有思想的人",他写给员工的是"无情、冷酷、傲慢根本不属于这里……我们公开地、诚实地、真诚地与顾客和潜在客户打交道"。③

我们希望相信我们能鼓励人们学习、成长,并能成为他们最好的自己。我们希望在组织内我们能说"无情、冷酷、傲慢根本不属于这里",我们也许希望相信它,但是我们的行动有可能揭示出与之对抗的信念。

在第 11 章"向精通进发"里,我提出了一个方式来识别你的心智模式,采用它比你瞥一眼就下定义可能更客观一点。这里给出一个提示:想想你引领过的变革,从中挑一个做得特好的或挑一个失败的。然后在一个可以信任的顾问帮助下思考一下:作为管理者,你的绩效背后可能有着什么样的信念。

比如,当我被问到我的价值观是什么的时候,我的回答听

---

① Jim Collins. *Good to Great*. New York:Harperlollins,2001.
② Carol S. Dweck. *Mindset*. New York:Ballantine,2006:110.
③ Ibid,119.

起来可能很像是在背诵童子军的信条。只有看到自己的实际行为时,我才能看到差距——"我宣称的"和"我所做的"之间的鸿沟。

罗伯特·伍德(Robert Wood)和阿尔伯特·班杜拉(Albert Bandura)在工商管理研究生中进行了一项研究,他们中的许多人有管理经验。任务涉及一项紧急的管理工作。一组被赋予固定型心智模式,并被告知这个实验是要衡量他们自身的潜力。另一组被告知管理技能是通过实践才建立起来的,并且这个任务会帮助他们培养这些技能。这个实验设的难度极高,使得两队在前几轮都失败了。被赋予固定心智模式的学生从来不专注于从他们的失败中吸取教训,也从来都没进步。那些被赋予成长型心智模式的学生则专注于要逐步提高,变得越来越好。①

在经典(和警示性)文章《管理中的皮格马利翁》(*Pygmalion*)②中,斯特林·利文斯顿(Sterling Livingston)写道,人们是按照"他们自己被如何对待"来对待别人的。"一些管理者总是以引领较高的绩效方式来对待他们的下属"。③ 他探讨了一项在大型保险公司内实施的研究。研究员阿尔弗雷

---

① 罗伯特·伍德(Robert Wood)和阿尔伯特·班杜拉(Albert Bandura)的"对自我管理机制与复杂决策能力概念的影响",个性与社会心理学杂志,56(1989),407-415,引自卡罗尔·德韦克的《心智》111页。

② 译者注:皮格马利翁是希腊神话中的塞浦路斯国王。他用神奇的技艺雕刻了一座美丽的象牙少女像,皮格马利翁把全部的精力、热情和爱都赋予了这座雕像。他像对待自己的妻子那样抚爱她、装扮她,并为她起名加拉泰亚,并向神乞求让她成为自己的妻子。爱神阿芙洛狄忒被他打动,赐予雕像生命,并让他们结为夫妻。

③ Sterling Livingston. *Pygmalion in Management*. Harvard Business Review,1969(1).

德·奥布兰德尔(Alfred Oberlander)设立了一项实验,观察目的是"卓越保险代理商比一般或较差的保险代理商的发展速度要快"。① 作为这项研究的一部分,他们给"一般"下了一个定量的定义。由此他们预测某个团队将表现平平,但该团队并没有表现平平!"负责这个团队的执行副经理拒绝相信他比'超级员工'团队的经理能力差,或者说他不相信顶尖代理团队比他们团队的能力更棒"。② 他挑战自己的团队去超越"超级员工"。尽管他们团队从来没有达到超级员工所做到的数字,但是每年这个被称为"一般团队"的生产率增长都超过明星团队。心智模式使然。

架起"知"与"行"之间的桥梁

在运作任何组织时,都要强迫自己看到广泛的力量,除非这对于你来说已成自然。如果你的习惯是看个体,就强迫自己看到多样化的群体,看到整个组织,还要看到各种环境因素。现在能做的仅仅是关注到,这看起来不像是一件会有成效的事,然而它是的。你将会发现自己看到很多不同的情境,取代将事情仅看成简单的因果,你将会看到一连串事件中丰富复杂的联系。这些观察可以繁衍出理解,甚至是同情,并丰富你的回应选择。显然,你不能对你没有看到的东西进行回应,也就是说,这个"架起'知'与'行'之间的桥梁"训练帮你看到了录像中原本看不到的"撑伞女人"。

---

①② Sterling Livingston. *Pygmalion in Management*. Harvard Business Review,1969(1).

接下来要开始注意在不同情境中你的心智模式。你是带着开放的心态进入本周的计划会议吗？当人们挑战你时，你愿意接受他人的影响吗？或者你对自己的立场坚定不移吗？不要尝试挑战任何事情，只需要关注。当你投入引领变革中，你看到了某个模式吗？不要欢呼庆祝，不要自责不已，只需要关注，目前这已经足够了。

第二部分
知行合一

还记得鲁布·戈德堡吗？那个化简为繁，做荒谬发明的人：通过一个被绊倒的人激活耙子移动，耙子让马蹄铁在空中飞舞。化简为繁的变革流程也是这样，太过复杂而冒险。本书的这部分会教你如何避免制订晦涩难行的计划。同样也会把需要避开哪些常见的陷阱展示给你（在面对陷阱时，就算什么都不做，可能也会比大多数以躲避变革陷阱为目的的复杂管理策略还要好①）。除此之外，每一章节的最后都会有"如何架起'知'与'行'之间的桥梁"的建议。

---

① 译者注：作者认为很多变革者像鲁布·戈德堡一样，在化简为繁，这比什么都不做还要差。

第6章

如何使变革成为引人入胜的事件

> 行动胜于雄辩,只是它的发生率远不如提及率。
>
> 马克·吐温(Mark Twain)

很多年以前,我有一个能让我所在的组织转型的**绝妙**设想。一想到这个设想能帮到我们服务的人,我就兴奋不已。于是我洋洋洒洒写了一封精彩的建议书,并发给了大老板。虽然之前我们互不相识,但老板还是同意见我了。当我向他演示我的观点时,他会点点头并自语一下。不一会儿,他极其唐突地打断了我,说:"好的,谢谢你,里克先生,你真是给了我很大的启发。"可能他还特想加上一句"出门的时候别让门撞到你呀"。就这样,我的演讲还没真正开始就结束了。事后我才意识到,老板决定见我,是为了不想让我再纠缠他而已,他对我的建议一点儿兴趣都没有。

　　这么多年过去了，我发现这样的事并不只发生在我一个人身上。我能想象出你们很多人也能讲出类似的故事吧。后来当我专注更大的组织变革时，我才发现自己的经历只是万千错误中的一个。没有公司会因为不实施我的变革建议而破产。我的职业生涯也没有因我的设想而命悬一线，那个组织也没因为他们错过我的建议而后悔不已，我因此感到释然了。

多数成功的变革有哪些共同点

　　关于变革、创新产品和服务，成功的变革与没有达到预期成果的变革之间有一个明显的区别，那就是大家坚信这样的改变是必需的。2004 年，在我带领的一个非正式研究项目中发现，在大多数的成功变革中，支持变革的人都感到了强劲有力的变革需求，他们理解这些创新的必要性。在这些成功的变革中，实际上是让事情显得"显著的糟糕"，只有不到 1/4 的变革利益相关者看到了变革的必要性。

　　成功变革的关键在于使变革成为引人入胜的事件，如下图所示。如果没能做到这点，变革的整个过程都将会非常艰难，变革偏离正轨的概率也会加大。变革可能会持续更长的时间，耗费更多的成本，使得大家都很头疼，最后不得不以失败收场。如此看来，使变革成为引人入胜的事件是**那么的**关键。

　　但"使变革成为引人入胜的事件"往往很容易被忽视掉。我们总是会匆忙地推进工作，然后想迅速把工作完结，以至于忘掉了这一重要环节。

使变革成为引人入胜的事件

使变革成为引人入胜的事件意味着什么？

对变革的成功起到基础作用的人，一定坚信变革必须马上做。

然而只理解某些事必须变还不够，大家还必须要**感受**它。使变革成为引人入胜的事件对于第1、第2、第3级抗拒有综合性的帮助。听众能接收到你在说些什么，能感受到紧迫感，同时大家也会信任你。

在变革过程中，很多人把"使变革成为引人入胜的事件"这一环节想象为看到一个正在燃烧的平台。这是一个很好的比喻，但"看到"还远远不够，大家还必须能够"感受"到它的热浪。

我曾经在休斯敦附近的航道上和很多顾客打过交道，那里的海面上有很多石油钻井平台。想象一下,我和我的客户鲍勃正在一起喝茶聊天,这时鲍勃看向窗外对我说:"里克你看,那个平台着火了。"我问他:"那个平台是你们的吗?"他回答说:"不是,幸好不是我们的。等一会……"他从一些纸中翻出一个电话号码,然后打电话通知了某人。挂了电话后他继续和我说:"好了,别管它了,咱们的午餐吃点什么呢?"

然而,请再想象一下,现在我和鲍勃就站在那个燃烧的平台上,鲍勃对我说:"里克,你有没有觉得脚趾头快被烤焦了?"这就是一个完全不同的经历了,它会吸引我们的全部专注力。因此,人们需要真正感受到那个正在着火的平台,而不仅仅是看到它。

当你真的使变革成为引人入胜的事件时,人们对"初始行动"就有了准备。大家开始寻找解决问题的各种办法,不放过任何机会。大家会非常主动地开始引导变革,想要纠正以前的错误,或利用好这个一生难得的机会。

工具箱:想要了解更多有关变革条件评估内容,请登录www.askaboutchange.con,搜索conditions for change。

一家金融服务公司的高级经理们觉得没必要花时间跟员工解释公司正在面临的挑战。但首席执行官并不认可这个看法,她对高级经理们说:"也许是我们错了呢。关于我们正在面对的挑战,你们能在下周利用几分钟的时间,跟你们部门的四五个人聊一下吗?然后看一看大家是怎么理解的。"于是在下一周的高层管理会议上,整个基调都变得不一样了。整个执行团队都受到了很大的启发——高管们发现大家并不知道公司正在面临怎样的问题。通过这一小小的实验,首席执行官使变革成为引人入胜的事件。她让执行团队了解到,他们需要让大家了解公司更多的关键信息。

这位首席执行官的实验给了公司高管很多重要信息。他们发现大家对他们提到的挑战并不存在第 1 级抗拒的理解问题,但对管理层有担忧(第 2 级抗拒)。高管们终于明白,是管理层自身要做出改变,在与员工的沟通方面,需要做得更好。

一家企业的环境健康与安全负责人需要让工头们觉察到在实际操作的环境中存在着巨大问题。他采用了完全不同的做法,不仅仅在幻灯片上展示政府关于环境政策的制裁措施。他意识到几乎所有人都能够像他一样做出这样的幻灯片。他首先确定,对于企业环境问题并不存在着第 1 级抗拒。他在企业四处巡视并拍下了照片。在第二天的会议上,他把这些照片展示出来,告诉大家这是昨天他刚拍的。第一张照片中展示的是一个巨大的化工槽罐和一个微小的已经被腐蚀了的接口。人们看到这张照片时都不约而同地发出了惊叫声,大家都知道被腐蚀了的接口

工具箱:想要了解更多共享式管理的文章和视频,请登录 www.askaboutchange.con,搜索 open book。

是多么危险。当这位负责人继续展示剩下的照片时,可以看出参会的人都被吸引住了。他已经成功地抓住人们的情感(第 2 级抗拒)。对于第 3 级抗拒,在这里人们不需要信任他个人,因为照片已经在自己说话。当然,人们可以走出会议室核查,验证照片是真的还是做了修图。

需要避免什么

使变革成为引人入胜的事件看似简单,然而,在实施项目

之前要让变革引人入胜,这个常识难道大家不知道吗?很遗憾,回答是"不知道"。马克·吐温已经注意到,常识其实并不普通!我们在一开始做事时就应该遵循这些常识。**下面列出了一些常识性的陷阱**,这些都是需要躲避的陷阱。如果你不警惕这些陷阱,它们很可能会把变革项目扼杀在萌芽之中。

把"如何做"移到"为什么"之前

人们的常识通常是先了解一件事为什么如此重要,然后,人们才有兴趣和意愿去听他们应该如何做。但大多数时候我们都不是这样做的,我们常常会从这件事情该如何完成开始,而后再说它为什么重要。实际上,在没有说服这件事情对我"**为什么**"如此重要之前,我根本没有任何兴趣去管它"**如何做**"。

工具箱:想了解更多"为什么"先于"如何做"的重要性,请登录www.askaboutchange.con,搜索 why before how。

我曾经参加过很多大的变革发布会,许多不错的负责人用冗长的幻灯片来介绍他们的变革项目。前三张幻灯片是关于这项变革为什么重要,接着用150张令人麻木的幻灯片说变革该如何做。如果他一开始的三张幻灯片不能抓住听众的注意力,听众就不会认真听到他讲闪闪发光的第29张幻灯片,听众的思想早在演示前几张幻灯片的时候就开小差了。

我的建议:强迫自己演讲时只用五张幻灯片。虽然说有点心疼展示机会,但却非常有效。仅有的五张幻灯片会迫使你寻找其他方式来吸引听众。比如你会试着与听众对视,用向人们提问等类似的方法与大家互动。

神话一样：我需要做的就是"告诉他们"

能够清晰地陈述一件事非常重要，但仅仅是简单地解释这件事情并不能引起人们的关注。

第1级是现代组织中普遍存在的问题，然而不都是第1级问题。只向人们讲事实和展示数据并不足以消除其他级别的问题。

然而你在想："他们是信任我的呀。"其实这仅仅因为你是公司的老板，大家只是想围着你转而已，一旦你的话触发了有力量的第2级情绪反应，大家有可能就不再信任你了。不能因为我们自己感受到了来自平台的炽热，就假设其他人也同样能感受到。我们当然愿意把所有的雪拍落到地上一次扫掉，那该多省事呀。因此，是我们自己把高级别问题"拍落"而降为第1级问题了。

其实情况会越来越糟。根据麦肯锡的研究，"变革领导者所关注（80%管理者发出信息）的事情没有有效利用80%员工的首要动机。然而这些首要动机能把额外的能量融入变革计划当中"[①]。

我的建议：向优秀的演员学习，把脚放在别人的鞋里感受一下。想象一下，通过他们的眼睛看看世界是什么样子的。你可能觉得这很难做到，但我曾经和工程师、IT人员、人力资源专家、各个领域的经理们都做过这个练习，结果表示他们都能做

[①] Scott Keller, Carolyn Aiken, *The Inconvenient Truth About Change*, New York: McKinsey&Company, 2008: 5.

得很好。他们开始理解大家的希望、梦想和恐惧,"大家"正是他们想要影响的人。你也悄悄地试一下吧,这只需要花费几分钟的时间而已。

总是要迟到了,要赶不上了

就像"疯帽子"①(Mad Hatter)一样,从来不先为变革建立起充足的支持,就匆匆从一个变革转到另一个变革。如此一来,新的变革项目就像"昙花一现",这样做是想向抗拒发出邀请吗?

一家大规模的工程设计公司开展了许多变革项目,但很多项目早在看到成果前就死掉了。于是,当公司再提出新的变革时,经理和员工们都只会让眼球跟着转动,连头都不会跟着转。很多人是这样的态度:"又是一个过眼烟云的变革来了。"

我的建议:深呼吸,慢下来。找出什么是最重要的,然后只专注做它。

一种信念:你能够强迫别人做事

不,你根本做不到。人们能够想出各式各样的方法来阻止你。举一个例子,一家小公司的老板和我说过,他的变革就因为"恶意服从"死掉了。人们想远离烦恼,仅仅把自己置身事外就足够服从你了,但这样的服从却远远不能使变革成功。

---

① 译者注:"疯帽子"是美国DC漫画旗下超级反派,初次登场于《蝙蝠侠》第49期。他爱上一个叫爱丽丝的女孩,被拒绝后,心理产生扭曲,凭借自己的专业知识,制造出可以控制人脑的芯片,并以《爱丽丝梦游仙境》为灵感,企图让所有人听命于他。

第6章　如何使变革成为引人入胜的事件

但也存在一些例外。一些组织用难以置信的高额津贴和退休套餐来"贿赂"大家，如此一来，大家愿意去做任何事情了，就是让大家去取彩虹尽头的壶都可以。然而这个方法本身就是问题。当这些未来的战士给自己的任务排序时，你前面采用的养宠物理念（pet idea）可能不会再被他们排到优先位置了，因为它会在"这对我到底有什么意义"的测验中败下阵来。

另一个问题就是，组织提供的奖金不够"贿赂"全体人员。因此，那些中级经理、专业员工、一线管理人员和小时工们对帮助少部分高管致富没有什么兴趣。很令人惊讶吧。

我的建议：翻到第 11 章，在心智中完成"转换意图"的练习。这可能会使你专注于变革的最重要方面——使变革成为引人入胜的事件。

不舍得磨刀时间，浪费了砍柴时间

我们的研究发现，如果变革成为引人入胜的事件，变革的过程就会变得更加顺畅。换个角度说，也就是变革中出现的抗拒变少了，事情也更容易走上正轨。即你觉得你正面临着一个危机时，你需要问一问：其他人是否也觉得这是一个危机呢？如果答案是否定的，那么很不幸，前方将有一条更加艰难的道路在等着你。

我的建议：让一个亲密的伙伴来监督你，避免你行动过快。注意要选一个敢于指出问题的人。

让团队学会你自己的专业语言

以前负责管理信息系统(MIS)的部门,在跟高管或其他部门一起工作时,总会因为经常冒出一些外文单词而小有名气。因为当他们使用自己的母语来翻译这些关键单词时,总会出现一些理解上的偏差,因此他们只能直接用外文才能让听众明白。同样,你的工作也是要用"多种语言"使多个国家的利益相关者能听懂你在说什么。但是我看到的却是 IT 部门、人力资源部门、金融部、市场部和销售部的人都已经不再努力简化自己的专业用语了,他们期望让听众来学习他们的用语。这真是个大错误。

我的建议:把你的演讲当成一次对听众的测试。先在家里预演一下。然后看看听众们的反应。当听众觉得困惑不懂的时候,大家就举手。你没有必要做傻瓜式的演讲,但是你确实需要把你已经懂的东西讲得能让听众们明白。

只依赖最常用的三种沟通方式

大多数的管理者都非常依赖以下三种沟通方式:

- 幻灯片
- 电子邮件
- 备忘录

这三种方式都有两个非常主要的缺点:

第6章 如何使变革成为引人入胜的事件

① 它们都是单方面的沟通方式。没有机会让双方相互聊天、对话和争论。也就是说,被告知的一方没有机会投入和参与进来,也不能咀嚼信息的味道。这让我想起一套四幅的海报,是关于如何给学生灌输知识的。四幅海报的次序是,先撬开学生的脑袋,然后倒进去一些沙子,接着再把脑袋关上,最后学生们就得到了毕业证书。

② 它们都过于注重第1级抗拒的信息问题。然而人们并不仅仅根据第1级抗拒的信息就决定去做一件事情。难道你仅根据《消费者报告》中的数据就决定买哪辆车吗?我并不这样认为。一定是它也抓住了你的情感,你才买的。

一份健康的食谱会建议你均衡各种食物搭配。把幻灯片、电子邮件、备忘录这三种沟通方式看成是变革这盘大餐中的调料盐、糖和料酒,那么你需要适量地使用它们,可千万别过量了。

在与人们沟通变革信息时,试着强迫自己不使用上面提到的三种沟通方式,然后看看会发生什么。

关于马可·波罗的故事①

我曾经与一位负责政府部门政策变革的领导一起工作过。当我和他说起下面这个马可·波罗的故事时,他笑了。

---

① 我的第一本书《抓中层管理》(Canght in the Middel)里引用过的文章,Interview in 1991 with Nancy Badore, Head of Ford's executive development process,(Portland, Ore.: Productivity Press, 1992). Also, Badore's speech at the 1990 Organization Development Network conference。

他说他终于明白了为什么大多数变革成功的解决方案都来自远离省政府所在的地方,而且是在没有日常监督的情况下完成的。

1980年,福特公司决定提高汽车制造工艺质量。他们并没有召开高管主持的变革发布会,也没有在全公司吹嘘变革的好处,取而代之的是他们只是从小处着手。他们想在福特公司中寻找马可·波罗——敢于冒险,不拘泥于条条框框的部门经理和员工。当他们找到这些"马克·波罗"们时,就开始让他们试行提高制造工艺质量的方法。

整整三年的时间,这些试验部门都专注于提高制造的工艺质量。最终试验有了成果——这些试验部门和其他部门拉开了明显的差距。这件事在公司内产生了吸引力。福特公司一旦找到了问题,又有机会让大家亲临现场观摩试验时,他们便向整个公司介绍提高制造工艺质量的方法。试验给人们树立了样板。在试验部门,人们可以看到这事做得是否有效,也可以亲眼看到其他人是如何实施变革的。亲眼看到变革的实施就会打消对变革的担忧。但最重要的是,不要让试验部门把它做成特例或者让试验基于优于其他部门的条件之上。如果那样的话,其他部门就很可能会忽视这个试验了。

怎样才能使变革成为引人入胜的事件

厘清今天你所处的位置

想一想你今天思考的变革。也许这个变革是新产品、合并两个部门，或是把开票过程都自动化了。假如这些都需要他人的支持和承诺才能进行下去，那么以下的问题你得好好考虑：

① 你自己所在的团队对变革有紧迫感吗？
② 还有谁也需要感受到变革的紧迫性？
③ 你与他人所看到的现状的差别是什么？

问题 1：你自己所在的团队对变革有紧迫感吗？

大家必须看到的是同一幅愿景画面

我所谓的"同一幅愿景画面"是什么意思呢？小组开展一个变革时，组内出现很多不同的意见是很常见的。例如，组长觉得这个变革非常紧迫，而组员们因为组长的地位而认同了他。但这会引起后续的很多纠纷，就像对预算和其他资源分配的优先排序有不同意见一样。不同的画面引出了不同的目标和不同的优先排序，于是在如何分配他们的时间和资金费用上就出现了很多争执。

先努力聆听，再深入挖掘

广泛听取各种观点见解。每个人也许会用不同的方式获取不同类型的数据，就算是基于同样的数据也会诠释出不同的见解。就像传奇棒球明星尤吉·贝拉（Yogi Berra）所说，你光是认真听就能获得很多知识。

探索哪些是你同意的，哪些是你不同意的，并深入钻研各见解之间的不同之处。不同的见解可以洞察到问题的不同侧面。利用团队能看到问题多个侧面的资源优势，对于现状，给小组每个成员（包括你自己）提供一幅更为丰富的愿景画面。然而，关键是绝大多数小组成员要看到同一幅愿景画面，这需要彼此的交流（就"概念是什么"来交流）。以下可能是你需要交流的问题：

- 扩展什么思维才能看到变革引人入胜？
- 哪些是大家同意的，哪些是大家不同意的？
- 在考察了各种不同的见解后，我们如何才能协调一致呢？

需要注意的是：不要默认整个团队会跟你用同样的方法看待事情，因此你不需要再听取各方不同的见解了。很多团队就是因为要避免产生不同的见解，从而导致团队成员之间彼此使用权谋策略，以达到让自己的项目能推进和运行的目的。因此，最好把艰苦的沟通放在初期。

特别要提醒执行团队。所谓"执行团队"，就是组织中既关键又极易产生矛盾的地方。各个部门的高管们在表面上看是同一个团队，但实际上是有差别的。大家的利益、变革失败对大家的奖惩都可能会非常不一样，因此人们之间的谈话就不能太"真诚"。在这里，我建议读者们回顾一下第 5 章的内容"忽视背景，将你置于危险境地"，这能让你在与高管执行团队作为一个团队合作时，更深入地了解压力与支持的复杂性，或能够及时保住团队的面子。

问题 2：还有谁也需要感受到变革的紧迫性？

在自己团队内"使变革成为引人入胜的事件"是一回事，对

第6章 如何使变革成为引人入胜的事件

所有参与者"使变革成为引人入胜的事件"又是另一回事了。请记住,在几乎所有成功的变革中,绝大部分利益相关者都感到变革成为引人入胜的事件。

广泛地撒网覆盖是基础。许多变革领导者就是因为忽视了一些关键的团体或个人而举步维艰。一个软件开发公司开展一个新的内部变革六个月了,这时公司的邮箱出现了故障。这导致了公司所有的部门都无法运作。当时一个经理告诉我:"谁知道会发生这样的事呢?甚至没有人会想到邮箱。"领导并不想冷落分管邮箱的人,因为领导根本就没有想到过他们。要把撒网覆盖的范围扩大,不要为了节约时间和资金就仅在变革之舟附近很窄的范围内撒网覆盖。

召开一个短程的会议,邀请那些深知组织内部政治动态的人来参加。换一句话说,这些人懂得公司的历史背景。用"头脑风暴"想一想谁还需要感受到这类变革的紧迫性,这些人中确保要包含你们的供应商和客户,他们对你的变革成功至关重要。

- 这个变革将会影响什么人?
- 在变革计划期,谁必须给予支持?
- 在变革实施期,谁必须给予支持?
- 在变革已经成为新的做事方法后,谁必须给予支持?
- 我们需要谁提供资金投入?

我曾参与过一个大型制造公司的小型变革项目。我要求团队识别出变革的利益相关者。然后我个人把答案写了密密麻麻的两页纸。整个团队都非常惊讶,他们从来不知道原来会有那么多团体和个体与这个变革有利益关系。

问题3：你与他人所看到的现状的差别是什么？

对事情的感知

你对变革的紧迫感与大家对变革的紧迫感之间的差距是什么？虽然你不需要全部利益相关者和你有相同的变革紧迫感,但是你得确保有足够数量的人确实能感受到来自脚下平台燃烧的热量。

特别值得关注的是,你能识别出人处在变革循环周期哪个位置的信号。当人们说"变革只是时间问题",或当他们说"又来了""哪里有问题呀""这没多久就会过去的",显示这些人仍旧处"在黑暗中"的位置。

我们可能对利益相关者团队或个体站在变革循环周期中的什么位置没有任何概念,这样的情形很常见。我们都很忙碌,一些利益相关者可能在另一个大洲。也许你们从未见过面,这可能是一系列的麻烦。如果你对这些人没有深入的了解,也不知道他们对于关键的业务问题是如何思考的,那么你就别指望他们会支持你的变革。因此,尽快找出他们到底正在想什么是你最大的利益。

现在,你可以利用你所学的知识使变革成为引人入胜的事件了。

使变革成为引人入胜的事件的五步骤

多数引人入胜的事件涵盖了从第1级抗拒到第3级抗拒

的内容。人们能够理解你在说什么；也能感受到这个变革为什么对大家很重要；并且对传递信息者有信心。

一个公司丢了一个大合同。这件事发生后公司并没有像以往一样，匆匆忙忙让各类经理们给出各自的项目报价预算，考验大家的拼接技巧去厘清事情的全貌。取而代之的是他们请来了客户方签约合同办公室的人，让客户来说明没有选择他们的原因。在那个会议上，针掉在地上的声音大家都能听到。人们不仅仅收获到了原因——这次失败更像是让大家看到了危险冰山的一角。一旦这件事触发了需要改变什么，人们会非常有兴趣去探索新的办法来改进工作。

这个干练的方法既包括了坏消息对大家情绪的冲击，也包括了来自客户这位"衣食父母"的反馈信息。这个过程一石三鸟，兼顾了第1、第2、第3级抗拒。

使变革成为引人入胜的事件的前四个步骤，它的前提假设是你已经很好地完成了变革的评估功课，已经知道要把大家从今天的位置带到未来的何方。如果这一假设不成立，那么你就是在根本不了解要影响的人们的基础上做计划，最终不但会浪费大量时间，也会大大降低变革的成功率。

步骤1：回顾一下应该避免什么

在这章的开始，我会列出一系列变革中需要避免的错误。读者们可以再回顾一下，并且判断出哪一个是你当下需要重点注意的。把它们写到你的手掌上吧，开展任何工作时都提醒自己多加注意。

步骤2：问自己一个问题

需要提出的问题是：对于现状，大家需要认清什么？只要认清了这些，大家就会不断点头说：我们必须马上去做点什么来改变它了？还不到展示整个策略的时候，从识别大家需要认清什么开始，这能从情绪上影响人们。

下面这个清单也许能帮助你识别什么能引起人们关注：

- 正在（或即将）对你们的组织结构类型产生激烈影响的趋势。
- 你所在的组织在经济绩效上最佳/最差的表现。
- 与同产业或同类工作的其他组织相比，你所在的组织表现得如何。
- 你们客户的年龄结构变化趋势是什么，它可能产生的影响是什么。
- 像恐怖组织或者金融危机这样的巨大威胁是否存在。
- 客户对产品最佳/最差的体验。
- 让你们觉得满意或担忧的生产率数据或质量数据。

现在想一想，你选择了上面的任何一项可能会对人们的情绪（第2级抗拒）产生什么影响。这里列出一些常见的情绪反应。

- 它会增加我的工作成本。
- 它会提高/降低我的工作安全感。
- 它会使公司在股票市场上表现低下。

- 它会限制我的职业生涯机会。
- 它会意味着丢失顾客或裁员。
- 它会给我学习和成长的机会，并让我在评比中崛起。
- 它能让我赚更多的钱。
- 它会产生更大的机会，让我离梦想更近了。

你会发现，第一个列表中考虑的都是更宏观的变革问题，如公司的品质和对客户的服务，或是在世界范围发生的事情。但是第二个列表却是高度关乎个人的情绪反应。我们做一件事首先考虑到的肯定是自己和家庭。当一件全球性事件发生时，我们也是会首先想到对自身的影响。我们将如何生存？我能还清我的贷款吗？我能付得起小孩上大学的学费吗？这件事对我又意味着什么？这些问题都是变革者所需要了解信息的基础。

你所说的公司获益可能是真的，但是你需要把各个关键点连成一条线，这条线直接连接了各位利益相关者。由此，让所有人都明白，你正在说的就是关于大家自己的事情。如果不能简明地连接到听众，你也就失去了听众。

步骤3：用"头脑风暴"来汇集各种方法

你已经知道了利益相关者当下的状况，也知道了什么能抓住大家的注意力，让人们发狂。思考一下哪些方法能使变革成为引人入胜的事件，以下有一些想法：

- 思考一下在你的组织里已经有效的方法，自问一下，为什么这些方法有效？以前的策略在现实的条件下还有效吗？

- 聆听真实客户关心的事，他们想要什么，他们喜欢你做什么，他们对什么根本不在意。
- 听取真实的**前客户**意见，请他们告诉你他们为什么选择了你的竞争对手。
- 如有同类型的组织遇到了相似的挑战，他们处理得很成功，要与他们交流。或许在一个可怕的故事里，他们讲出了事情是如何变得糟糕了。考虑一下对这些公司进行实地考察。
- 在组织周围，当人们提到他们面临的挑战时，与他们交谈，特别是要聆听。
- 找一位利益相关者，此人又是你深深敬佩的高管人员（或其他人），聆听他的声音。
- 寻找展示数据的多种替代方法，例如用图片或视频短片。
- 开放信息，让大家看看呆板的幻灯片要点之外的内容。如果有必要的话，帮助利益相关者把各个关键点与自己连接起来，向大家面对面地解释当下经济影响的趋势。
- 参与私人谈话，提示：你对着300个观众演讲可不算是私人谈话呦。

步骤4：决策，选择一个恰当的方法

到了做出选择的时候了。选择一个方法（或者针对不同团队选择不同的方法）。实践、收集反馈、改进后继续实践。

好,开始行动。

观察大家的反应。请记住,正因为不能保证大家对你的演讲会产生敬畏,如果大家没有被你激动人心的战略所驱动,那么就需要重组资料并试试其他的方法。

你很可能会想要放弃这一步,直接跳进下一步"迈出正确的第一步"阶段里的"初始行动"。千万不要这样做。如果只是为了给大家满足感,你颠倒了做事的次序,把"如何做"移动到"为什么做"之前,你这是想慢慢做或一个人战斗。

一位经理非常愤怒,只是因为他不能让团队成员看到他们正在面临的问题。在一次会议上,他冲动地说:"我们公司40％的时间都是在做无用功!"人们听后倒吸了一口冷气。其实他想表达的意思是,问题未能引起人们的关注,但这句话给出的信号却远远超出了他要表达的意思范围。"有40％的时间都在做无用功"使员工们产生了担忧,这是一种情绪反应。有时我们自己不断积累的挫折感(例如"我们公司40％的时间都在做无用功!")会转移人们关注的焦点。

步骤 5:强化紧迫感的消息

人们总爱遗忘。发现心脏病后人们都会选择治疗,但只有小部分人坚持到了最后,只有这小部分人收获到了治疗的效果。

人们都是忙碌的,只有当下最紧急的事才能引起注意。而且我们都建立了一个自身的变革免疫系统(可参考本书第11章向精通进发中对《变革为何这样难》(*Immunity to change*)[①]

[①] 译者注:Immunity to change 直译应为"变革的免疫",中文书出版时翻译为变革为何这样难。

作者的采访)。保持最初对变革的紧迫感是非常重要的。

在强化的过程中,你同样可以采取一些步骤 2 中建议的方法。它们可以很好地服务于你的紧迫感强化工作,就是别做过头了。

除此以外,你还可以试试:

- 发布语音邮件

  在美国大陆航空申请进入破产保护期间,公司主席戈登·白求恩每天都会给员工发一条致谢的语音邮件,并且在邮件中提到公司现状。他没有让别人替他完成这项工作。员工们听到的都是他亲自说的话。

- 提问与回答环节

  全体大会和虚拟全体大会是人们获得答案的好地方。同时这也是你能获得人们对变革看法的绝佳场所。

两点警告:

第一点,如果你对一个简单的提问做了将近 20 分钟的回答,那么你就需要有人在一旁提醒你不要跑题了。我曾经见过许多精心准备的全体员工大会,都因为演讲者不能在跑题前及时收住而失败。

第二点,清楚自己的下意识反应,知道什么会引起自己下意识的反应,不断地练习并且学会克服它们。

- 随需应变式管理

汤姆·皮特(Thomas J. Peters)和罗伯特·沃特曼(Robert H. Waterman)①发现，许多好的管理者并不一定按照固定的日程办事，他们四处查看，随需应变。一旦人们习惯他们的上司随时都在工作中学习和准备回答任何问题，那么员工的思维都将变得非常开放和活跃。我的一个客户搬到了一个新的实验室，我问她在新地方工作感受如何，她回答说非常好。她的新老板看起来总是知道各项工作的进展，经常会给她一些工作建议并提供及时的信息。我询问她的老板是如何做到的。她告诉我她的老板喜欢在走廊交叉处靠着墙喝咖啡。这是一个让员工参与到他的私人谈话，和他参与到员工私人谈话的绝佳地点。

架起"知"与"行"之间的桥梁

首先，在"你今天正在做的事情"和"你想要去做的事情"之间存在着差距，在众多的原因中，你必须决定哪个才是产生差距的真正原因。思考以下五个可能造成知行差距的原因。

显而易见的解决之道

想象你现在正在读本章开头的"需要避免什么"，然后关联自己的现实情况反思。灵光一现，突然你意识到你完全可以有一种不同的做法。（如果有这样的事发生，感觉是不是特棒？）

---

① Thomas J. Peters, Robert H. Waterman. *In Search of Excellent*. New York: Harper & Row, 1982.

当这一想法发生时,就非常容易把知识运用到实际行动中了。

缺乏知识

在宣布或计划做一个变革之前,需要先让变革引人入胜,许多管理者不欢迎也不理解这一想法。而难以置信的是,许多管理者都发现了这样的事实,大多数"使变革成为引人入胜的事件"都是在管理者接纳"信任"(第3级抗拒)是变革的一部分,同时又坚信变革需要抓住大家情感(第2级抗拒)的情况下完成的。

用"变革循环周期"和"三个级别"作为镜头来审视别人是如何开展变革项目的,这样就更能看出"使变革成为引人入胜的事件"的重要性。

缺乏技能

学会如何使变革成为引人入胜的事件不仅包含了第1级抗拒的事实和数字图表,还包括了第2级抗拒和第3级抗拒的希望与恐惧,因此这件事充满了挑战。这需要细心的观察和不断的实践。我和我的许多客户都发现,这个领域是教练的用武之地。(教练也能从身边同事中产生。前提是你需要有一个人扮演"皇帝的新衣"中的那个小孩。我想说的是,如果大家都是在装,那教练做起来就枯燥无味极了。)这个领域许多内容也许会呈现在第11章的"向精通进发"中,你能从中找到锻炼自己技能的方法。

相互矛盾的信念

这一信念是非常难发现的。在《变革为何这样难》这本书中，罗伯特·凯根（Robert Kengan）和丽莎·拉斯考·拉海（Lisa Laskow Lahey）提到了这一现象，并把它命名为"隐藏的诺言"（hidden commitments）。这些旧的信念与你的新目标是相悖的。例如，你可能非常坚信（通过分享核心的真相）使变革成为引人入胜的事件是非常重要的；但同时你还有一个信念，之所以叫"核心"，就必须维护在小范围内。你应该能看出，在提供有力信息才能使变革成为引人入胜的事件同时，也会存在着暴露了太多"商业秘密"的担忧。同样的，你坚信让大家都认识到公司所面临的挑战和机遇是非常重要的；但同时，你也有"知识就是力量"的信念，你可能会想先确保这个力量只维持在你个人的手上。

背景

你可能会坚信给人们提供的应是关键信息。但事实是，组织提供信息是建立在"需要知道"的基础之上的。这样的情况下，你不得不做出选择。你可以依据企业文化做出妥协，提供关键信息；或者选择不在职业生涯中冒险，仅在规定范围内提供信息。我知道这是一个非常艰难的选择。在这里，我并不想告诉你应该怎么做，但是我能告诉你的是，如果利益相关者没有感受到这一创新变革的重要性，没有感受到对于组织来说已经到了紧急关头，那改变是很难发生的。

从分析你自己受了影响并且采取了行动的事情开始吧。你买了之前并不打算买的东西，你给组织捐了款，而你仅仅是在接到销售电话后才了解这个组织的。注意人家是如何成功造势并让你**买单**的。好了，现在的问题就是，你如何才能知道自己已经使变革成为引人入胜的事件呢？

如何知道你已使变革成为引人入胜的事件

有经验的销售人员给出了这样的建议：一旦你已经拿到订单，就请闭嘴，多嘴有可能会坏事。同样，知道人们在什么时候已经做好了改变的准备，也是非常重要的。但是如何才能知道呢？

聆听暗示

注意人们在说什么，以及他们是怎么描述的。认真地聆听一些暗示线索，例如：

- 比较一下人们说"需要**我们**做些什么"与"**他们**正对我们做什么呢"。
- 面对如何解决问题或如何抓住机会，人们给出的是方法、建议，而不是抱怨。
- 人们在谈论为什么这场变革对自己如此重要，他们会直白地问："这件事对我有什么好处呢？"

邀请提问和建议

为了鼓励这类谈话，你应该做些什么呢？可以考虑以下这些非常简单的做法：

- 在会议中创造大量交流互动的机会。认真聆听他们提问和建议的种类，人们是在问"为什么"的问题，还是他们偏爱建议"如何做"的流程？
- 与你信任的人交流，他会告诉你大家私底下谈的是什么。杰出的顾问彼得·布洛克曾经说过，"最能听到事情真实进展的地方不是在会议室，而是在洗手间"。我翻译一下：找到信息在什么地方传递，就到那个地方去与大家进行交谈。
- 对人们多提问。非正式地、随意地走到人们的座位或工作场所去问问大家的想法。人们是否和你一样在焦虑着同一件事情？大家是否在为相同的可能性而兴奋？大家是否看到了一些被你忽略的事情？

好了，现在是时候让大家参与做计划了。

第7章

如何迈出正确的第一步

> 我从没停止过恐惧,但却停止了让恐惧控制我。我已经接纳恐惧就是生活的一部分——特别是对改变和未知的恐惧,尽管心底不断发出敲打的声音说:"快回来,快回来,如果太冒险你会死的。"我还是不顾一切地向前走。
>
> 艾瑞卡·江(Erica Jong)

当你走进一间大型会议室时,看见横幅上写着"**超越未来新科技**"。在你的座位上,你发现咖啡杯上也刻着类似激动人心的标语。你会琢磨:"这些标语在说什么呢?"每个人的桌面上还摆放着厚厚的文件夹。你打开了自己的那一份,浏览了几页,似乎都是幻灯片的讲义。纸张上印着很多关键词,并留出了大量空白。你暗想多不环保呀。

开场音乐响起。主持人开始介绍公司的首席执行官查尔斯。查尔斯蹦跳着并不断尖叫道:"我是跳蚤。"这时你拿出了黑莓手机,想看一看有没有什么要紧的事情需要你立即动身去做的。不幸的是并没有事,你只能坐下来听。

带着蹦跳尖叫后的喘息咳嗽,有话音传了出来:"欢迎大家。我是狂吼的跳蚤(他特意停顿了一下,等待大家的掌声)。你们应该知道我是你们的首席执行官吧(更热烈的掌声)。今天对我们来说是一个决定性的日子。面对前所未有的机会,我们正站在它的风口浪尖上。"你在想,"我们正站在哪儿?这个机会又是什么呢?"跳蚤接下来展示了几张关于这个绝佳机会的幻灯片。但是你坐得太远,看不清屏幕上的字。(你写下,备注:需要配一副新眼镜了。)几分钟后,跳蚤说道:"好了,我想大家都已经明白了我为何如此激动了吧,大家都是公司新方向的组成部分。现在我要把话筒交给技术部主管,菲莉斯。"

菲莉斯让大家看手中文件的第一个表格。你注意到这份文件中应该有上百页幻灯片都是在展示这个表格。你叹了口气。菲莉斯开始了她滔滔不绝的演说。很长时间后,她问大家是否有任何疑问。台下一阵沉默,接下来有几个常提问的人问了一些问题。第四个问题听起来似乎挺有意思的,但是在菲莉斯开始回答的头两分钟你就想溜走了。好吧,也许下一次她能回答得好点。

短暂的休息过后,会议继续进行。接下来有五位演讲者进行了演讲。他们分别向大家讲解了机会是什么,以及如何把

"超越未来新科技"的梦想变为现实。最后,一位激情昂扬的演讲者为今天的会议作了总结。他跟大家说要确保积极的态度。你心里想,"我也希望有同样的想法呀。"令人沮丧的是,会议结束时已经五点半了,你就直接回家了。

你肯定经历过类似的会议,对吗?你也可能曾经组织过这样的会议。遗憾的是,大多数的变革都是以这样的方式开始的。当一个管理者或者某个部门的领导脑子里出现一个新设想时,他们就会非常的激动。他们会把将要做的事和怎样去做都列成一张计划表,并且给这个计划起一个鼓舞人心的名字。然后开始组织一个"呼啦圈"式的介绍会。如果军乐团还流行的话,肯定会邀请他们来演奏一曲。与会人员都喝着咖啡,穿着统一的T恤,拿着一样的文件。又有谁不会被所有这些调动起激情呢?

偶尔这种方法是管用的,但通常会引来疑惑和抵触。

就像激情四射的活动,一次性吸足了所有人的能量,然后就把能量全部排放掉。第二年,同样的领导又发出新的鼓舞人心的口号,大家就又重复一次往年的做法,周而复始。

"如何迈出正确的第一步"意味着什么?

我们可以有更好的方式开始。用一个"使变革成为引人入胜的事件"开始一次变革,人们自己从心里感受到需要变革。也就是说按照第6章"如何使变革成为引人入胜的事件"说的做。也就是让"变"真正开始,在人们做变革计划之前,先把大家带出黑暗区。

第 7 章 如何迈出正确的第一步

你现在就想象一下这个画面,同一个地点的另一个大会议室里,同样有一个几百人参加的会议。看看周围,公司各个层级的人都来了。你甚至看到了一些客户和供应商。当你在**事先安排好的**座位上坐下时,你发现同桌的是八九个陌生人。随着大家各自自我介绍,人们发现整个小组就是整个公司的一个缩影,囊括了各个部门。这真是一件有趣的事情。

会议以几个简短的演讲开始,同时伴随着小组成员对变革意义的讨论。你发现极少演讲者会使用幻灯片。在小组中,你向大家说到自己正在面临的挑战和机会。突然,你感悟到这个会议对于整个公司,对于你个人是如此重要。你从不同部门,不同岗位的人身上学到了许多东西。从此你对公司所面临的挑战和机会又有了更深的全局性理解。你被吸引住了,你撸起了衣袖,迫不及待地想要行动。

在接下来的几天里,你开始为演说自己面临的挑战而精心准备。谈话会从稍高的战略讨论开始,延伸到开发落地执行的行动。有时争论得很激烈,然而都是在有礼貌地争论,最后得到了收获,大多数人支持你的新设想。

在会议的最后,你有了一个几百人都能理解的发展计划,因为大家都参与了这个计划的制订。让大家参与的另外一个效果是,很多人会承诺支持它的成功。这个事本来需要花掉几个月的时间,而这次你只用几天就搞定了。

也许很多读本书的朋友不相信这是真实的故事,太有想象力了吧。然而对某些人来说,这就是他们引领变革喜欢采用的方法。

在过去的15~20年里,像迪克(Dick)、艾米丽·阿克赛尔罗德(Emily Axelord)、大卫·库柏里德(David Cooperrider)、凯西·戴尼米(Kathie Dannemiller)、罗伯特·雅各布(Robert Jacobs)、马福·维斯博(Marv Weisbord)、桑德拉·贾努(Sandra Janoff)以及其他大型系统变革的先锋们,他们都会建立这里所提到的变革步骤,让人们深深投入帮助创建变革中,从而也有了对变革的承诺。

工具箱:如果想对大型变革的方法有个快速的总览,请访问 www.askaboutchange.com.搜索 large systems change。

如果你对**会议模型**(conference model)、**欣赏式探询**(appreciative inquiry)、**整体变革**(whole scale change)、**实时战略转移**(real time strategic change)和**未来探索**(future search)理论都不熟悉的话,那么我鼓励你用它们之中的任何一个做一下检索。在它们的整个变革流程计划里,一定会有这项要非常强调的工作,就是先使变革成为引人入胜的事件,然后迈出正确的第一步(如下图所示)。

工具箱:如果想要了解更多关于大型企业中模拟变革的内容,请访问 www.askaboutchange.com.搜索 virtual change。

需要的话,读佩吉·霍曼(Peggy Holman)、汤姆·德韦恩(Tom Devane)和史蒂夫·卡迪(Steve Cady)合写的《变革手册》(The Change Handbook)是一个好的开始。这本书收集了超过60种变革方法。

即使你不打算使用这些具体方法,也可以从那些变革先锋的变革方法中学到很多东西。①

---

① 大系统变革有时会参考大型团队和整体变革的方法等,举不胜举。

第7章 如何迈出正确的第一步

迈出正确的第一步

需要避免什么

变革伊始,通常是"起步糟糕"而非"起步正确"。以下是我常见的变革起始步骤,这些都是要注意避免的起步。

过于关注"事"

很多公司在"举办盛大的变革启动会"上花了太多的时间和精力,然后就顺其发展了。就像为了减肥买了一台跑步机,然后你就认为自己已经为减肥付出了努力一样。

我曾经见过一些公司为了准备盛大的变革启动会花了数月的时间和巨大的财力,如邀请到最合适的演讲者,做出最正确的图表,杀手级日程安排、公司的徽标和精美的礼品袋,等等。(注意：并没有任何证据表明礼品袋能激发大家去做事的热情。)

我的建议：加图(Cato the Censor，公元前 234—公元前 149 年)曾经说过："只要戳住句中关键字不放，那个字自己就会把事办了。"铭记你为什么要把人们聚集在一起，而后所做的任何事情都必须专注服务于这唯一的意图。

我们假设你的目的是"调动公司一个领域各层级的人都能参与到变革计划中，使变革项目起始就迈出正确的一步"。

这一目的就成为你今后工作的"咒语"了。所有的工作计划都必须向这一目的努力。假如某一天"按她要求做"(what she do)的公司副总裁想让你安排时间与她交流跟你的目标无关的内容时，你应该对她说：不。当然要非常友善地说。

没有后续跟踪

假如没有后续的跟踪关注，即便是高参与度、非常好地关注了目的和意图，变革计划也会面临失败。想象一下你把大家都召集起来的画面。大家都在努力地工作，并且提出了一个有助实施变革的详尽方案，而后你就撒手不管了。那么大家也会很快把这个他们亲手做的变革方案忘掉。直到又宣布一个新的变革时，人们才会想起它。而在作新的变革计划时，你会发现满屋子都是些愤世嫉俗的人，他们已经完全了解了你的期望仅是走走过场而已。

我的建议：只有你非常确认自己要从头到尾引领这个变革时，

再去主持变革计划会。

错误的参会人

不能因为屋内的人都对变革热血沸腾，就表示大家都是完成此工作的正确人选。他们的性格也许都非常好，对父母孝顺，对朋友真诚，但假如他们缺乏相关方面的知识背景，或者制订计划的能力，那么最后还是给不出任何成果。

我的建议：正如我之前提到，广泛地撒网覆盖。确保邀请到的人都愿意坦率地说出他们对变革计划能做出什么贡献。同时也要确保这些人对变革有广泛的兴趣，并代表着公司的专业水平。

把出席默认为参与

给参会者展示七个小时的幻灯片，在最后时刻问"大家有什么问题吗？"这样的做法并不能让大家参与其中。要特别注意，不要把提供信息跟做计划混为一谈。没有人会在你唠唠叨叨讲一堆幻灯片时做出计划（最可能的是对你的演讲提出抗议）。想要吸引大家投入变革并不是靠几张幻灯片就能做到的。因此，你要明白，你的演讲很有可能只包含了处理第 1 级抗拒的信息内容。这不太可能会激发大家的兴趣（第 2 级抗拒）或者使大家建立起对你的信任（第 3 级抗拒）。

我的建议：如果你只想给大家展现一大堆的信息，那么你最好还是写本书吧，或者去录制一段播客和发一系列的推特。在很多年前，还是上一届政府的时候，一个政府机关部门让我写一个视频大纲，视频是关于给新入职职员介绍组织规章制度的。他们给了我一大堆手册。我问他们为什么不直接把这些手册发给新职员，反而要花钱和如此费劲地去制作一个视频。政府部门的人跟我说，一旦职员被强迫看这个视频的话，他们就知道他们完成了告知新职员规章制度的任务。我建议大家不要做这样的事。

送书给大家

很多组织都给员工们发放指导的书籍。例如，很多组织都给高管们和经理们约翰·科特的《领导变革》或詹姆斯·柯林斯的《从优秀到卓越》，当然两本一起读是最好的选择。假如有一个针对性的实践行动，阅读这些书当然是有帮助的。但是很多情况都是以逐步渗透（osmosis approach）的方式来引领变革的。其实书到手后，大家就把它压到枕头下了。然后，大家走到哪儿就在哪儿开始引导，做澄清、决策和开发支持者的工作了。仅仅把书送到大家手上，好像没改变什么事情。

我的建议：谨慎地选择发给大家的书籍，发了之后就用这本书来指导组织整体变革的进程。当你不能确定这本书能够成为大家参与变革计划和实施新设想的"圣经"时，不要随意地把它发给大家。而且，你需要非常清楚：通过人们对这本书的阅读，你想取得怎样的成果。

全员统一式培训

我回想起我的雷德叔叔，他曾把他的猎狗浸在混合液的污水中，以此来杀死猎狗身上的跳蚤和虱子。他和我说，牧羊人也是用同样的方法来处理羊群的。培训有时候也会变成这个样子。每一个人都被浸入教育的大池子中，不管这些人是否都有这个需求。

你也许曾参加过一些关于变革管理的课程。那很好，但是就像你很多年前上的中学课程一样，那里有着许多美好的回忆，但你肯定记不住那些代数公式和中级拉丁文了。

我的建议：只提供与将要开始变革相关的培训。培训课程中的内容需要与变革中会面临的挑战密切相关。这才是成人学习的方式（当然有时小孩也需要用这样的方式）。如果不这样做的话，课程可能会很有趣，但却不会有效。

乏味的稀释果汁

一些变革项目也许非常有必要，但却让人觉得乏味，设计新的绩效评估体系可以归为此类吧。当意识到必须靠咖啡大家才不至于倒下，事情才能有点结果，你就不要举行这样的变革计划会了。

我的建议：对于超过一个小时的会议，只邀请那些能对变革的成功起关键作用的人参加。对于其他人，采用调研问卷、焦点小组、一对一采访等方式进行就好了。千万要注意，别让他们在会议室里花三天的时间来谈论一些他们压根都不关心的事情。举一个例子，你可以询问他们想从变革之中获得什么，他们对变革的忧虑是什么之类的问题。可以应要求，把大家在变革计划和实施阶段的反馈做成简短的文档发送给大家，确保大家都了解变革的进度，也让大家知道你是怎么利用他们的反馈的。

如何迈出正确的第一步

虽然面对的技术系统不同，但就像我之前略有提及的那样，系统性变革的方法是共通的。它们都会：

- 让大家深度参与到进程中；
- 为制订变革计划提供一个框架。

这个变革的引导原则——让大家参与并为制订变革计划提供一个构架——无论是针对五人的小组或是百人的大组都能起到良好的作用。

让大家深度参与到进程中

一旦确定了谁是变革的利益相关者，你需要决定还要扩大涉及哪些人，他们必须参与到变革的计划和实施过程中来。许多利益相关者想要参与到足以影响他们生活的变革之中，那就让这些人深度参与进来。创造必要的条件使大家能影响变革的进程和产出的成果。

变革过程是提升员工参与度和建立良好工作关系的绝佳机会。这类关系不仅存在于你和你想要获得支持的人之间，也存在于管理层和普通员工之间，分公司与总部之间，等等。参与度不仅能够推动变革在变革循环周期中向前移动,变革进程本身也能改变大家一起工作的方式。这类系统性的变革能对企业文化起到转化作用。

有部分利益相关者只想能及时听到有关的变革消息就行。对于这部分人,只要你别对他们提出太多的要求,别扰乱他们的计划就行。及时让他们了解变革的信息就已经足够了。但是你需要时刻睁大眼睛。一旦你开始了变革,这部分人也许会改变主意,并且意识到参与到利益相关者的行动中要比他们在外围想象变革好。如果这样的事真的发生了,那么就要把他们邀请到变革进程中来。

挑战在于要确保撒开的网覆盖的范围足够广泛。不要只想要影响那些中间派来支持你,还需要头脑风暴列出一系列深切关注变革的重要人物和团队。而常常有太多的管理者只招募早已同意变革的人来帮助变革,或者管理者只想到了与他们每天都一起工作的团队和个人。

为制订变革计划提供一个框架

一个有效的计划至少需要包含以下的几项内容,这样才能做到让大家都深度参与到变革中。(在特定的情况下,也许还需要其他的一些内容。)

愿景或方向

愿景陈述就是描述你期待在变革循环周期"产生成果"阶段的景象。愿景就是你期待产出什么样的变革成果(你把它叫作愿景、目标或是成果,区别不是很大)。它就是你一直瞄准的东西。在初始行动阶段,你必须创建这样的陈述。

起草这个陈述没有一劳永逸的方法,也没有规定说它应该是什么样的。当我与我的顾客做这件事时,我会去思考两件事情:

是否清晰明了? 罗伯特·马杰(Robert Mager)在如何设定目标方面是专家。他提供了一个简单明了的方法来让你知道你的目标在你心中有多少价值。"如果在大街上你遇到了'目标',你能马上认出它吗?"

是否有引人入胜? 那些需要愿景的人们是否感觉值得为它而努力奋斗?

与"使变革成为引人入胜的事件"一样,创建一个变革愿景也同样需要研究第1、第2、第3级抗拒。以本节内容为例,显然"是否清晰明了?"的文字是对应第1级抗拒的;当然,提问的语音语调都是对应第2级抗拒的;大家需要确认你是否对这一愿景有着认真负责的态度,这是对应第3级抗拒的。

工具箱:想要查找更多关于如何创造一个变革愿景的文章,请访问 www.askaboutchange.com.搜索 create a vision。

贯穿始终的基准标杆

目标能让我们不偏离正轨,也能激励我们。在埃德温·洛克(Edwin Locke)和盖里·莱瑟姆(Gary Latham)关于激励机制的研究中,他们发现工作中最有激励作用的是有着良好反馈的清晰目标。每一个人都需要与贯穿始终的基准标杆做对比,才能知道自己在变革进程中所处的位置。①

缺少了目标与基准标杆的变革行动将会乱作一团,大家都很难知道下一步应该做什么。当这样的事情发生时,有些人会自己设定目标和方向,有些人就此就失去了对变革的兴趣。

我曾经见过很多组织用平衡计分卡(balanced scorecard)的方法成功地让大家看到变革已经走到何处了。我也见过一些组织采用从《伟大的商业博弈》(*The Great Game of Business*)中发展出来的"每周碰头聚会"(weekly huddle)的方法。每周碰头聚会可以运用到变革的整个运营过程中。大家以小组的形式聚在一块儿,直接站着讨论(就像在球场上的技术性暂停一样,非常短暂但又充满技巧)。大家讨论的都是在过去的一周里尝试突破的具体目标。每一个人都会说出自己目前的进展,并且对判断自己在变革循环周期中所处的位置给出解释。在聚会时,如果大家记录了大量关于销售、质量检测、生产率等数据,这个方法就发挥了巨大效用。此刻不要分析,也不要评判。短暂聚会结束后,大家就回到各自的工作岗位。因为每一个人都希望自己提供的数据是有用的,大家都不想拖累同伴,所以这个方法是非常有效的。

解决利益冲突

我非常认同有效的计划需要我们去探索事情的两面,为何赞同和为何抗拒。抗拒可以是对计划的恐惧(第 2 级抗拒)或者是不信任(第 3 级抗拒),同时这也提醒人们去思考,推行的

---

① Edwin A. Locke and Gary P. Latham. *Goal Setting*: *A Motivation Technique That Works*! New York: Prentice Hall,1984.

计划是否是最适合的计划,它是否会对组织某些正在产生积极影响的活动造成伤害。

工具箱:如果想要对德·博诺的六项思考帽模型做一个快速的总览,请访问 www.askaboutchange.com. 搜索 Six Hats。

关于人们的利益冲突——希望、恐惧和其他的反应——都需要严肃认真地对待。不是去协调它们,而是需要去探索原因,首先允许大家对我们自己施加影响。在变革的计划中,需要有积极的方法来邀请反对者参与。当人们相信变革会导致他们失去一些东西时,应对抗拒的领导力成为关键因素,它决定了变革的成功或失败。

工作中更常见的是,公司或组织都试图去压制或是忽视抗拒的声音。这常常会导致悲剧性的错误,自然也就找不到能使在计划变革与实施变革中保持沟通交流的大门永远敞开的方法。

我最欣赏的方法之一来自"整体变革"和"实时战略转移"。(如果想要了解更多关于这些方法的内容,请访问 www.askaboutchange.com。)当人们演示一个包括假想利益相关者的变革方案,人们先会问自己,并甄别出是什么能使大家高兴、发疯,还要把其他什么东西再加进来会更好。虽然这听起来很滑稽,但我向你保证它非常有效。在这个过程中,人们可以表述他们的乐观(高兴),恐惧和抗拒(发疯),并且有人们对变革计划的影响(还要加什么)。

矛盾是真实存在的,并且需要认真对待。想象一下这个场景吧,你的变革项目涉及的是扩张行动,而组织正在做的是集中化运营。

以下是《两极管理》(*Polarity Management*)的作者巴里·约翰逊(Barry Johnson)在几年前接受我的采访时的谈话内容。

> 选择集权化——一体化协调管理系统;还是选择分权化——能更贴近客户,赋能前线人员做决策的管理系统,这就是两极管理。我们既要让一体化协调有效,同时也要让分权决策有效。假如我们能够两者兼顾——要知道它们两者一向都是很难相容的,这对于体系中的每个人都是有利的。这对热衷于集权的人(通常都是行政人员)来说是一个福音;同时对那些处于与客户接触最前线的人来说也是个好消息。因为他们得到了响应客户的能力,也得到了施展自己灵活与创新性的能力。①

在变革的过程中需要认真对待分部和总部之间的紧张关系。用巴里·约翰逊的话来说,这就是生活。让我们接受这样的现实,并且努力去创造条件,使我们从两极都获得最好的机会。

应急计划

就像你要做一个能使变革成功的计划一样,同样你也要花一些时间去探讨可能出错的地方。我偏爱的场景问句之一就

---

① 我对巴里·约翰逊的采访,在 *The Gestalt Review* 6,2002 年第 3 期上发表。

是"假如……会怎么样?"

在要求我们采取行动之前,我们的抗拒级别到底有多深,通常不是显而易见的。例如,一个政府部门的行政机构正在研究提高效率的方法。顾客要求更快的响应速度,该部门人工系统的办理速度已不满足客户的要求,因为顾客已经习惯于现代系统的办事速度了。虽然在变革计划的初期也要面对一些抗拒,然而直到变革组织提出具体变革策略时,最深层次的抗拒才浮出水面。在计划初期支持变革的人,变得对每一个变革具体策略都产生了怀疑,而这恰恰是需要他们支持的时候。这并不是因为他们一直在等待阻挠变革的时机,而只有在他们逐步靠近变革实施阶段的过程中,他们才能发现让他们不得不抵抗的因素。

美国陆军工程兵研究出了一种方法,让问题在转变成冲突前就摆到台面上。[①] 所有操作者都被邀请参与构建变革项目,大家一起来定义这个暂时性的合作关系应该是怎么样的。大家会一起讨论如何处理质量、完成日期、成本和成本超支、安全和文案工作等问题。

大家在一起讨论可能会出错的环节。这是一个相当容易的任务,因为每一个一线业务人员都会知道哪里会有麻烦。接下来他们就开始提出避免这些潜在陷阱的策略,运用场景问句"假如……会怎么样"来思考。

探究一个潜在问题比问题发生后再去解决要更靠谱。"假如……会怎么样"的场景设想能让你在没有风险的情况下,冷

---

① Marshall Orr, Consultant in Richmond Va.. "Who Has Used This Approach Extensively". 1995(1).

静地来回演绎各种可能性。

以下是一些需要思考的事项：

① 如果这个团队曾经一起合作过，甄别一下在原来的项目中哪些地方存在着冲突。如果团队是新组建成的，那么就让各位组员凭自己的经验来甄别在变革过程中可能会出现的潜在冲突。千万不要责备，做这件事的目的是为了确定在变革过程中可能出现的潜在问题，而不是为了剖析过去的事件。
② 对于由不同部门和不同层级的代表组成的混合变革小组，第一步就是问题的定义，然后再根据对可能出现问题的描述给出策略。
③ 各分组向全体人员汇报列出的所有问题、评论及调整建议。

小组需要阐述以下问题：

- 假如这些潜在问题发生了，我们如何还能聚焦于最初的目标？
- 假如情况走到了极端恶劣的情形下，我们如何仍能呼唤勇气做到坚持不懈？
- 假如陷在问题当中，我们如何做才能确保对彼此的尊重？
- 我们如何做才能确保把所有关键的问题都摆在台面上？

- 在冲突中，我们如何能保持放松的状态？
- 我们如何才能促进共同价值观的发展？

④ 全体共同决定哪个变革策略是可以被全力支持的。

> 凯西·丹尼米勒(Kathie Dannemiller 1929—2003 年)是丹尼米勒-泰森(Dannemiller-Tyson)公司的创始人。这个咨询公司擅长为组织实施重大的变革项目。福特汽车公司当年创建新野马(new Mustang)项目时，就是邀请凯西的团队来协助的。以下就是凯西讲述的发生在迪尔伯恩工厂(Dearborn plant)会议上的转变，当时的会议有管理层和员工约 2 400 人参加。
>
> 当时是会议的第三天，我们把所有人都召集在一起听来自臭鼬工作组(Skunk Works Group)的声音。我邀请了工厂经理和工会主席分别做了 15 分钟关于"我有一个梦想"的演说。"我有一个梦想，那就是咱们迪尔伯恩工厂……"工厂经理先开始了演说。在工会主席结束他的演说时，工厂经理说道："太好了，我们有着同样的梦想！让我们一起来完成它吧。"他们两人握手并拥抱。整个屋子都爆发出了欢呼声。
>
> 当我们所有人都走回分组讨论区时，我感觉自己像是漫步在云端。我环顾四周，突然觉察到有了希望。**这种感觉就是转变**。大家可能说"小菜一碟，我们可以做到的"。这些人坚信有人在乎他们，同时也在乎他们的工厂。①

---

① 本书的第一版 121-122 页，与凯西·丹尼米勒的访谈。

> 当工厂经理和工会主席拥抱在一起时,事情就已经在发生改变了。这不同往常,一个转变已经发生了,而双方都没有放弃各自的利益。两位领导仍然需要回应各自阵营的问题,但这个转变让他们能够看到两人有着差不多一样的梦想。①

沟通

绝不只是把写沟通计划的工作分配给人力资源部门或负责沟通交流的专员,还必须就三件事情向利益相关者提问:

① 伴随变革的整个过程,大家一直都需要知道些什么?
② 大家希望收到这些信息的频率是多久一次?
③ 大家希望通过什么样的方式获得这些信息(例如会议、博客推送、播客、语音邮件、通讯稿、面对面会议)?

只有你了解了答案,你才可以把撰写沟通计划的工作分配给人力资源部门,并跟踪执行情况。

一个警示:保证人们及时收到信息固然重要,但同样重要的是你也要让大家及时告知你各方面的信息。当大家能够互相实施影响时,变革中的沟通工作才达到了最好效果。确保你的沟通策略中包含了这个内容。

---

① 本书的第一版 122 页,与凯西·丹尼米勒的访谈。

架起"知"与"行"之间的桥梁

显而易见的解决之道

当你在读本章时,你也许会想:"哎呀,我怎么会那么愚钝呢?既然变革一定会影响人们的生活,我当然需要让他们参与其中了。"你看到了问题所在,不仅如此,你还知道如何让大家参与进来。

缺乏知识

就像尤吉·贝拉曾经说过的那样,"你必须要做的是深潜"。组织重组与安装新软件、与采用精益生产或与实施六西格玛是有区别的。学习必须让哪些必备的基础事先准备好,熟悉各种变革开始的方式。对在你的组织中已经有效的工作方法要给予特别的关注。让"向那些做了正确初始行动的人学习"成为你的工作。他们都做了哪些事情?他们又都避开了哪些事情?他们做的和你自己做的有什么不同?他们能够给你哪些建议?

缺乏技能

如果我在这章中讨论的方法对于你而言是新知识的话,那请你给自己留有足够的空间来练习和面对失败。如果目标设得太高,想要复盘并且吸取经验教训就会非常困难。尝试在变革中先负责其中一部分,负责一个小型的变革或者是跟一个小团队一起工作。例如,设想一下,如果你将要主持一个两小时的会议(如果会上有让你抓狂的想法,那么即使是一个小时的会议也会发生同样的事情),而你唯一要做的就是对于你正在思考的新设想向大家寻求反馈意见。你可能会问:"你是怎么想的?这对你有用吗?你建议我怎么改进它呢?"然后,当所有人都回到他们各自的办公室时,你要反思一下自己在这个短会上的表现。只有这

工具箱:如果想要获得关于支持变革的调查问卷,请访问 www.askaboutchange.com 搜索 support change questionnaire。

样一步步的积累才能培养出熟练的技能。如果能邀请一位值得信赖的同事参加会议并且给你反馈意见,那就更好了。

相互矛盾的信念

假如你想要"迈出正确的第一步",并且你相信最好的方法就是让大家深度参与到计划与实施中,这些都没问题,但是正如凯根和拉海在《变革为何这样难》中所说的,你可能会有一些"隐藏的诺言",它与你邀请他人参与变革的意愿**一样强烈**。例如,你会担心某些事情超出了你的控制范围,或者更准确地说,你会担心失去控制。因此,完全在潜意识下,你做出了承诺,所有事情必须严格按照计划执行、你给多场预演安排了紧凑的时间表、你严格地控制提问和回答的时间……你没有给意外或冲突情况留出一点余地。

缩小"知"与"行"差距的关键在于识别出一种方法,这个方法能兼顾矛盾的两个方向。在本书的第 11 章"向精通进发"中谈到了如何应对相互冲突目标的方法。

背景

如果你的组织中的员工和中层管理者有极高的参与度历

史，也许你就能较容易地把大家召集在一起，引导大家撸起袖子把事情做了。但如果你的组织的情况恰恰相反，那么你就不得不从小处入手了。你可能需要向大家展示你正在做的事情进展得很好；你可能会尝试让某些人参与到变革某个部分的计划中；或者选择一个你能推动，但公司从没留意的事情开始。

如何知道迈出了正确的第一步

在跳交际舞时，如果舞者一开始就跳错舞步，他就会失去平衡，并且做出非常明显的调整动作。同样的，在每一个变革进程中，需要努力做出调整的人都会发出明显的信号。

愿景：你做了一个清晰的愿景或目标陈述。任何一个人看到这个陈述都会明白你的组织正朝着什么方向前进。询问一个陌生人是否明白这个愿景陈述的意思。如果他开始含糊地评论一些关于增长，机会和客服的事情，那么你的愿景陈述就还不够清晰明了。

一个变革计划正蓄势待发。由于有很多不同类型的变革，从高科技到市场营销，到人力资源，最重要的是你的变革计划符合你正面临的关键问题，属于特定的变革类型。计划必须包括：

- 愿景或目标；
- 基准标杆；
- 时间进度；

- 任务分配(每一个人都知道组织期望自己的贡献是什么,每一个团队也都知道期望它们的贡献是什么);
- 大家都知道的截止日期;
- 一个检测进展和自我修正的方法。

认知方向,每一个参与到变革计划中的人都需要知道:

- 为什么需要这个变革(使变革成为引人入胜的事件);
- 变革将往什么方向发展(产生成果);
- 变革的计划中包含了什么(初始行动);
- 时间进度和截止日期(保持变革鲜活)。

与他人沟通:面对任何一个提出以上四个问题的提问者,变革计划者要都能自如地回答。混乱的沟通将会导致组织内大家理解的混沌。试一试这个吧,任意选择团队中的一个人问他,"我们的变革将往什么方向发展?为什么?如何才能知道我们已经完成所要做的事情了呢?"

解决纠纷的资源就位:大家在计划发生意外时或者需要明确的答案时,应该能有一个地方给他们解答。这个地方可以是一个帮助中心,可以是实施团队的负责人,或者是给出一个人名。这一处资源并不需要列入正式的组织架构中,但它必须是一个实实在在的资源。你向这里求助,事情就能得到解决。

每一个人都知道谁是变革的总负责人:虽然说我们所有人都

承担变革责任,并且为此协力工作,但还是要有人负责最后拍板。如果你想要集体发出命令也是可以的,但是委员会缺乏清晰度和力量,这需要一个有职权的、在关键时刻可以做出决定的人。

你已经得到了自己所需要的主力支持:这群人(或某些人)会在变革项目面临失去关注的压力时支持你;他们会为你的预算资金而战;想方设法让其他关键人物接触到变革。但是,当有其他令人兴奋的新事物到来时,他们太容易被遗忘了。

采访卡罗林·路肯斯梅尔

谈论人们自己关心事情的力量

卡罗林·路肯斯梅尔(Carolyn Lukensmeyer)是全美开讲(America Speaks)的创始人。在这之前,她曾是俄亥俄州州长办公室主任、白宫办公室主任的顾问、国家绩效评估管理项目的执行总监,更多的人是通过重塑政府(Reinventing Government)项目(www.americaspeaks.org)知道她的。

我:告诉我们一些关于全美开讲的事情吧。

卡罗林:因为我对美国民主健康问题的深深担忧,在1995年我创建了全美开讲。如果当时我们能像播放录像一样快进到今天,就会知道,当时民主失调的问题是多么显而易见了。

第7章 如何迈出正确的第一步

我们知道,大多数的美国人都希望能变革一些大的问题:卫生保健、移民、预算赤字。但鉴于各党派选举的政治原因,一旦国会议员坐在国会山上,他们就不会再代表那些致力于解决问题的大部分中产阶级了。

不过当我们集中起来一起讨论这些问题时,大部分人仍然觉得自己对整个社会负有重大的责任,这对于美国社会来说算是一个好消息。你的提问也直接涉及了本书的内容:如果我们确认大家有想要为整个社会做出贡献的期望,那么接下来的挑战就变为我们需要经过什么样的程序,建立什么样的机制和结构才能使得所有人的声音不仅仅局限于个人的世界,而是能够影响整个社会。

这就是全美开讲要做的事的实质。我们把普通市民和他们选举出的代表重新连接起来,让他们做推选他们时本要做的事,为公众利益决策。

我:在这个大的变革转型当中,如何才能让你说的"普通市民"参与到组织内部当中呢?

卡罗林:每一位领导变革者都应该做好以下三件基本的事情,以使广泛参与变革的策略发挥作用。

第一,他们自己必须真的相信这个变革。

第二,许多这类策略,无论是在公共领域还是私人领域,总做不到足够的和广泛的背景分析。他们没有做到把数据、可选择的行动、实施中的考量等问题交织在一起,融成策略。这就使得变革在不同的系统层次上和面对不同的功能性期盼上失去了足够与现实接壤和落地的能力。要达成变革转型,这些是必需的。

第三,领导者需要做出基本的决策,哪些包括在变革内,哪些排除在变革外。这对于大多数组织或委员会来说都是一个巨大的飞跃,把这种策略决策的制定过程开放给更多的人,这些人在传统意义上由于工作地点和层级的原因,不会被纳入决策的制定中来。

在变革策略的覆盖范围内,对自身利益保护的直觉,经常会引导领导者做出早产或错误的决策。

我:没有把参与变革之网撒得足够广泛看起来是个大问题。

卡罗林:相对于公众事务,这个问题在大型企业组织或政府组织中表现得更为突出。这是一个"状态乐观主义现象"(phenomenon of status optimism)。权力越大,自动送到面前的信息就越多,就更有感觉,对自己不需要别人的意见就能搞定这场变革的能力就更乐观。

非常常见的是,创建变革策略的关键人物会因为处于顶层的人物的"状态乐观"而受到过度影响,我觉得顾问和经理们一样对此负有责任。因为他们对应该采纳哪些信息和听取哪些人的意见做出了错误的判断。

我:我曾经听你谈过,人们有过度区分好和坏的趋势,谁对谁错等。你觉得怎么会发生这事?

卡罗林：很多原因。其中之一是人类大脑的运作问题。我们喜欢给事情分类，我们喜欢区分不同。通过生活我们积累了经验，凭借事物对我们的作用，我们把这些在头脑中形成精准认知的经验转换成为固有模式。因此我们会以我们自己的分类作为第一印象证据，而不是让这些新进入的、对大脑来说是小量的数据挑战我们的假设。

如果我们真的想要完成一个转型变革，我们确实不得不摧毁某些边界。即使我坚信这个转型变革，但当你开始摧毁我的职权时，我就会抗拒，除非我在变革的早期就已参与其中，并且参与度也足够深，同时我也是决定必须摧毁自己职权的一员。这就是为什么参与度是如此重要的原因。

小型和大型参与过程的迭代变得越来越复杂，这就是为什么它对我们有如此重要的意义。在某一特定阶段，你并不需要进行大规模干预，但是在我刚刚描述的动态过程中，越早开始，规模越大，就会有更多工作让直接受影响的人参与到公开分享分析中，让人们明白为什么大家的工作将受到影响。

我：有时，在变革循环周期中的某一节点，深度参与受到了限制。我认为这是危险的。

卡罗林：我同意。管理层得到了自己想要的东西，人们也认为自己的意见正在组织执行过程中，大家回到了各自的工作岗位，又恢复了往常景象。这使得我们没有任何借口不去搞清楚信息和沟通的资源——面对面的、电子的，等等，以便能收集员工们的声音或是一线经理的声音，或者是任何一个需要发声的人的声音。必须系统地和持续地进行收集。

　　一旦变革启动了，你就需要开始把一个全新的体系安排就绪。这引导我们进入下一章的内容——"如何保持变革鲜活"。

第8章

如何保持变革鲜活

> 最激进的革命在发生后的第二天就会变成一场保守的革命。
>
> 汉娜·阿伦特(Hannah Arendt)

一位大公司的首席执行官从纽约飞到美国西南部去参加一个会议,为一个重要项目致开幕词。他原本可以录一段视频或让下级代他参加的,可是他并没有这样做。他知道开幕词其实并不重要。他花一天的时间坐飞机往返,是因为他知道他的出席会向所有参加会议的人(也包括本公司的其他人)释放一个信号,那就是他对这个项目的重视。

保持变革鲜活是整个变革过程中一个艰难的环节,因为早在变革初期,不管人们对探索、选择和制定方向有多兴奋,现在都已烟消云散了。变革项目会拥有很多资源——金钱,关键人物,变革早期的战略思维——有时候会发现,一直保持热情是件很困难的事。

你想要的是变革成果。但这一阶段恰好也是咨询合同到期的时候,很多这样的合同都是在变革循环周期中"实施变革"这一阶段就终止了。乍一看,这确实是合理的。咨询公司帮助你分析当前的状态并且制订综合计划,他们召开计划会议并且提供专家资源,同时也提供培训并且安装新的系统,你觉得他们所做的已经足够了。但其实并不是这样的,你在实施变革阶段要做的就是告诉整个公司:"今天,我们的变革开始了",真正的收益在进入变革的"产生成果"阶段前都是不会出现的,而要进到这一阶段需要更多的努力。

迈尔斯·库克(Miles Cook)在他的著作《拉开的距离:管理和维持变革》(*Pulling Away: Managing and Sustaining Change*)中写道:"在一项调查中,高管们反映说他们所做的成本削减项目平均只能达到预计节省金额目标的56%,这是一个非常让人失望的数据。大多数高管们说,这些项目的前期成本削减都进展得不错。主要原因在于没能执行好接下来一系列所需要的变革。"[①]

保持变革鲜活意味着什么?

在谈论保持变革鲜活的时候(如下图所示),你需要做到三件事。第一,你必须明确所有的系统,程序和新的工作方式都

[①] Miles Cook. *Pulling Away: Managing and Sustaining Change*. Boston: Bain & Company, 2009: 3.

第 8 章 如何保持变革鲜活

已经实施。第二,你需要监控好变革实施的过程,确保这个过程能产生预想的成果。第三,你需要长时间地维持这些进程。老企业的旧习是很难消除的,每个人都需要不断地被提醒,并且不断地巩固,这样才能达到你预想的变革效果。

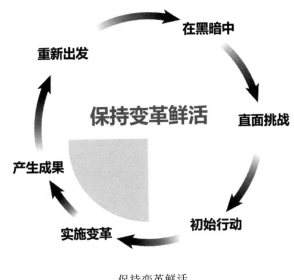

保持变革鲜活

第 1、第 2、第 3 级抗拒在这一阶段跟在其他阶段一样都非常重要,但是随着变革的深入,它们的出现更显得理所当然了。

第 1 级:人们需要信息以做好本职工作。这些信息包括接收衡量的数据和能促进其业务发展的数据。

第 2 级:人们需要持续不断地感受到这个变革的迫切性。你稍不留神,大家就可能会失去情绪上的冲劲。如果真的变成这样,大家的注意力就不再集中在变革上了,那么就会有这样的风险：重要的任务被忽视或是被草率处理。

第3级：人们需要知道你仍然百分之百地致力于这个项目（更多相关内容会在本章接下来的部分提到）。

你值得把关注力放到这三级事情上，因为变革就像一个新人进入伴随着老人退出的过程。你必须把每个人的切换都当成"使变革成为引人入胜的事件"的机会，告诉大家到目前为止变革项目的历史情况，并且精确地让大家知道今天公司对大家的具体期待是什么。含糊不清是行不通的。

需要避免什么

想当然地把这个任务当成普通工作

为了保持变革鲜活，要完成一大长串的日常工作，都是些没有吸引力的任务。这些任务对于一个真正的领导者来说可能显得太平凡了，不足以引起他们的关注。这些都是缺乏想象力的任务，这使得"核查控制"任务显得没什么乐趣。成功完成这些任务可能也不会让你在下一次公司重组时赢得眼球。但是这些任务在推动变革从"初始行动"到"实施变革"到"产生成果"起到了至关重要的作用。

我的建议：如果你是一个对细节非常敏感的人，那么这就是你的表现时机了。如果不是，你可以把这些任务布置给擅长关注细节的人，同时这个人要对变革成功感到很兴奋。然后你就可以全力地支持他工作。告诉他你的门对他是随时敞开的，并且经常核查你是否做到了。这是一项艰难的工作，而且负责这项工作的人也很少能得到认可，不要让这样的事情发生。

授权热情

你不能授权热情。你可以努力建立一个与你有着同样激情的骨干团队，但是最后，还必须让大家知道你站在他们背后百分之百支持这个变革项目。大家必须坚信这个项目对你而言是有很高优先级的，用"此事仍然是你要捍卫的冠军赛"来证明它。

需要支持你的人是非常忙碌的（就像你也很忙碌一样）。假如他们发现这个变革项目不再是你排名前三的项目时，他们的注意力马上就会转移到他们觉得更重要的项目上去。记住，他们在变革循环周期上还跑着其他事情呢，而你的缺乏承诺给了他们一个机会，让他们回到"更重要的"工作上去。

我的建议：每周一的早晨（或你选择安排一个固定时间）确保自己都能找到时机来重新强调这个变革项目对你有多么的重要。此时项目正处在变革循环周期的关键阶段，不要轻视这个任务。

让本该淘汰的项目再活起来

并不是每一个项目都要永远在变革循环周期上运转。当你收到以下这些强烈的信号时，要有勇气剔除它们。例如：

- **你的客户需求的是其他的东西。** 常有人说 IBM 采用大型计算机的做法太长时间了,以至于错失了早期的个人电脑浪潮。确实如此。但后来,当 IBM 完全确信这种转变正在发生时,再进入个人电脑市场,他们做出了大师级的工作。
- **人口结构统计数据的变化。** 你的客户群也改变了,他们不再对你已有的产品有浓厚兴趣。大型城市图书馆在经历主要人口结构变化时的应变反应给我留下了深刻的印象。这些图书馆找到了很多方法,利用先进的科学技术吸引年轻一代的读者,同时也让这些公共机构对来自不同文化背景的人更有吸引力。即使在弗吉尼亚州阿林顿分部也能为老顾客提供网络连接。现在书籍正在被其他的传播媒介包围着,例如 DVD 和 CD,图书管理员也接触到了多种沟通形式。我听说在一个有 15 万人的小镇,人们交流的语言超过了 100 种。
- **新威胁要求你转换聚焦点。** 当安全部门意识到威胁可以来自任何方面,而不仅仅是国家间时,他们就需要检验他们的优先排序,并转换焦点。

还可以列出很多例子。

我的建议:主动欢迎与你想法不同的观点,这样你就能从那些接近客户的人群中了解到不断变化的环境。假如大家总是都认同你的观点,不要为自己的完美而喝彩,要假设大家没有告诉你他们真心所想。尽管妈妈总是对你说你是如此完美,你要知道事实并不是那样。（同时要在大的环境下，时刻保持自己对变革的灵敏嗅觉。）

忘了提醒人们"使变革成为引人入胜的事件"的必要性

紧迫感并不会长时间地持续。在 18 个月前吸引我们关注力的事，也许现在已经消散了。时刻关注变革是否还具有强劲的吸引力是非常重要的，如果人们已经感受不到变革的紧迫感了，那么是时候去重温一下第 6 章"如何使变革成为引人入胜的事件"，主要关注如何解决第 1 级、第 2 级和第 3 级抗拒的问题，让人们对此有关注力。

同时也要记得在变革的过程中，有些人离开了这个队伍，也有人半途加入。你不能指望新加入的人也同样有紧迫感。在给这些人发放运行手册前，先确定他们看到和感受到这个变革极度紧迫的原因。

工具箱：如果要获取"保持变革鲜活"核查清单，请访问 www.askaboutchange.com。搜索 change alive checklist。

我的建议：把这个任务记在你的日程表中，或者把它分配给某个人负责。一定要确保这位负责人知道，维持高度的变革紧迫感是非常关键的。无论把任务分配给谁，都要保证他能随时联系到你。

怎样才能保持变革鲜活

在变革的主要过程都保持充沛的精力是很有挑战的。人们常常都是在新事物的初期非常兴奋，而接下来的几个月，就能看到这些兴奋的情绪在逐渐消散。对于这个问题,没有简单的答案或固定模式的快速解决方法。但是,如果你想要把组织从"在黑暗中"带到"产生成果"阶段,接下来本书所说的事项就要时刻注意了。

作为变革的管理者,要把"需要做的"与"自己需要做到的",和自己要确保"必须完成的"结合起来,一起思考。

你自己需要做到什么

你必须是这个变革的捍卫者

尽管我并不热衷于已经普遍实施的流程再造项目,但是迈克尔·哈默(Michael Hammer)和詹姆斯·杰姆培(James Champy)[①]的一个观点言之有理。他们建议需要一个"独裁者"来领导变革,这个人有足够的权利和资源来把一个变革变成现实。这个人需要在组织内有足够的势力,他不但是一个资深经理,还是一个有影响力的人。这个人不能是偶然出现在变革中的人,或没有足够实干能力的人。

让我们来假设,你就是那个人。为了成为一个真正的捍卫者或是"独裁者",你需要……

你需要一份明确的合约

"独裁者"需要一份与自己上级老板明确的合约。你需要知道你期望从赞助人那里获得什么支持。当意想不到的事情

---

① Michael Hammer. James Champy, *Reengineering the Cooperation*. New York: Harper Business, 1993.

发生时，他们会怎么做？在变革的整个生命周期中，你期望他们能给你提供什么样的帮助？提前与他们商讨这些问题非常重要，你需要知道他们在背后支持着你。

让相关领导在清楚背景的情况下签订合约对你的成功非常关键。他们已经看到项目中潜在的陷阱。如果他们只看到项目可能获得的收益，而没看到随之而来的风险，那么你将陷入一个危险的境地。就像运动员和投资者常说的那样，彼此需要成为一个共同体。

审视本章稍后部分的"与其他管理者的合约"，除了把此部分相关知识运用到你授权的人身上之外，我还建议你尝试把它当作你与相关领导对话的框架。

变革的捍卫者能够在任何需要的时候出现，人们需要知道你百分之百地致力于这个项目的成功。这就意味着当项目起航召开启动大会时，你在现场；当其他管理者来挖墙脚或占用本项目预算时，你出来阻止。你必须要有所行动。

你要把这个变革项目放在你的日程表上。它要一直放在计划表前几行的重要位置。即使在周例会上，你只问一句话"凯西，比尔，克里斯，变革项目进展的如何了？"这也能让人们知道这个变革项目依然对你很重要。

你是变革的捍卫者，它对大家的重要性是不会被高估的。

允许自己被影响

在变革生命周期中，会有很多意想不到的事情发生。你要时刻关注着，并对于你可能不想听到的信息保持开放心态。

你绝对需要那些敢于向你说出真实情况的人，经营好与这些人的关系,因为他们能够让你远离麻烦。一位副总经理在公司各处都有资历较浅的人给她提供"即时天气预报"。这些人都是志愿者,就像他们在自家后院里观察天气情况,是为给晚间新闻中专业的天气预报做补充。他们并没有表现得像情报局的特务一样,把人名都标出来。他们的角色是非正式的,只是让管理者能了解大家对变化的反应是怎样的。

兼顾权力与政治

所有组织都是有政治的。好的管理者知道这点,同时他们也知道如何把事情搞定。你可能要回顾第 5 章"忽视背景,将你置于危险境地"中有关"X 理论和 Y 理论"的部分。如果你无法改变公司的文化,那么你就需要保证大家参与这项变革是安全的,不会让他们觉得把自己的职业生涯放到了危险之中。

贝蒂曾经是某大型非营利组织中一个小团队的负责人。她的顶头上司是一个可怕的人。这位上司有贴身管理的习惯,检查每个人的遣词用句,甚至他还会挑灯夜战纠正大家文件中的语句。在这个办公室中,有许多只会说"是的"的员工和许多奉承,因为奴颜婢膝才是这里的生存之道。但是奴颜婢膝之道不是抓取意外事件,发现机会,并产出成就的好方法,而这恰好就是贝蒂团队所要做的事。她凝聚了一个优异的团队,面对工作,队员们都是既聪明又敢于承诺的人才。她的团队做得非常成功。

我常常想象她在飓风中为下属撑起一把巨伞的景象。她保护了员工们的安全,但是她在这暴风雨中或多或少会受到伤害。我相信是因为她的团队的出色表现(为公司赚了很多钱),才使她能在公司存活下来。

对进程的保护

换句话说,"对进程的保护"就是要知道项目的"范围延伸"有多大。许多变革项目都超越了它原始初心的范围。就像是立法前的法案草案一样,这些变革项目会受到各种无关紧要的相关或不相关项目的压力。作为变革的管理者,你需要保护变革项目团队以及任何一个为变革成功而努力的人。

当德勤会计师事务所(Deloitte & Touche)实施他们高度尊重女性主动性的项目(努力为公司留住有才华的女性)时,由于团队做得很出色,一些人建议团队可以进一步解决多元化的问题,被她们明智地拒绝了。公司已经从这个女性主动性项目中学会了如何为项目获得支持,因此可以重新建立一个团队来处理多元化的问题。否则,额外的包袱会给这个本来高效的团队带来过多负担。

除非周围的环境发生了意想不到的变化,否则不要轻易改变原来的计划。如果你要偏离原来的计划,要在有意识的情况下去做。反复检查项目的资源、工作安排及其他。为今天会出现的意外情况做准备,根据项目范围或周围条件的变化决定你应该采取什么行动。

把需要你确认要做好的事情做好

作为一个"独裁者",有些事情需要你确认是否已经做好了。请不要让"独裁者"的称呼占据了你的整个大脑,用罗曼诺夫家族①的历史经验给自己提个醒,要客观地看待事物。你可能需要使用权力,但不要用自己会被流放到西伯利亚的方式使用权力。

你可能想对以下任务负责,但是这些事情很容易授权给向你汇报的人。

象征性行为

当美国大陆航空挤进全美前五大航空公司时,公司的首席执行官戈登·白求恩(Gordon Bethune)给公司里的每个人都发了一张65美元的支票。这钱并不多,发给了所有人,而且每个人所得到的金额是一样的。

请注意了,给每个人65美元支票这种行为就是一个象征性行为。没有人会把它与报酬混淆,这是表达感谢的一种方式。

在《摇摆》(*Sway*)这本书中,作者奥瑞·布莱福曼(Ori Brafman)和罗姆·布莱福曼(Rom Brafman)讨论了提供实际报酬使得事与愿违的问题。他们在书中写了瑞士政府的例子,瑞士政府诱导两个小镇的居民允许政府在自家的后院建立核废料堆放场。政府开始给居民们提供奖金。让所有人大吃一惊的是,那些声称接受政府提议的人数不仅没有增加,反而减少了一半。② 他们也记录了将奖金作为激励手段的研究,这样做时,绩效反而下降了。

---

① 译者注:罗曼诺夫家族是末代沙皇家族。
② Ori Brafman, Rom Brafman. *Sway*. New York: Doubleday, 2008: 135.

以恰当的速度工作

决定要用多快的速度来推进这个变革项目,仍然能获得你所需要的承诺。有时候一个完美变革失败的原因就是组织的行动太慢。大家不需要都经过培训,所有的系统也没有必要都得配置到位,找出让"实施变革"开始的方法。

回忆那个质量就是一切的时代,许多组织仅仅因为推进的速度太慢而失败了。它们没能造成紧迫感或保持一个势头。事情进展得是如此缓慢,以至于早期投身变革的人在接任者出现之前就失去了动力。

主人翁精神

对于这项新的变革,确保大家有足够的主人翁精神。问一下自己:"把此项创新从初始行动推进到产生成果阶段,有没有足够的人力支持?"如果答案是否定的,那么你就需要花费更多的时间来帮助人们"直面挑战",以确保变革循环周期中的下一个"初始行动"阶段能顺利进行。

资源

有没有足够的资源投入以保证变革项目的实施?资源可能包括充足的预算、培训时间、人力资源。而关键资源是时间和关注力。变革的管理者是否能投入足够的时间来实施这项工作?如果这是一个主要的变革,而你又要求大家在实施这项变革的同时兼顾其他已开始做的任务,那么,你能期望的就只有变革的失败。

奖励

人们会因为这项工作而获得奖励吗?会因为这个项目而提高声望吗?换句话说,参与这项变革是否会成为考察个人绩效的主要因素呢?参与这项变革的人是否会有机会得到晋升或分配到好工作?又或者,这项变革会不会成为企业的不毛之地?

确保授权有效

在变革生命周期的前期,你需要把手中的主动权交给各种各样的个体、团队或部门。这项交接工作是非常关键的,如果你漏了球或是他们没有顺利接到球,那么所有的事情都将面临风险。

与其他管理者的合约

如果你是一个主要变革的管理者,那么你可能需要将其中大部分工作做授权。把工作直接扔到某个人的桌子上和真正授权是有很大区别的。我建议你要安排和每个负责人谈话。(你可能要思考一下,与你的相关领导也讨论一下这些关键问题。)①

对于如何把责任有效地授权,这里会给出一些经验提示。然而为了做到有效授权,首先要完成以下三件事。

---

① 来自我电子书《自中层领导》(Leading From Middle)中的"与其他管理者的合约"。

1. **负责人需要理解此变革到底是关于什么的**

   为什么是现在进行这项变革?为什么要进行这样的变革?也就是说,让他们在"如何做"之前,先理解"为什么做"和"做什么"。为了做出正确的决策,引领部分变革的中层经理需要了解变革的背景。如果他们现在没有理解,那么他们就不得不在前进中逐步理解——猜测为什么这件事情是重要的,每一步都努力凭直觉感觉什么是最重要的。为什么要让这样的事情发生呢?向负责人说清楚变革到底是怎么回事吧。

2. **负责人需要理解目前危如累卵的是什么**

   是什么触发了这个变革——新的竞争?对环境的挑战需要更快速的反应?对今天的好绩效不能带来明天好绩效的恐惧?如果失败了,风险是什么?如果什么都不做,风险又是什么?

3. **负责人需要信任你(和其他资深经理)**

   如果大家觉得你没必要监察整个过程,他们就会为了能让你把注意力转移到其他地方而做些足以蒙混过关的工作。你需要向大家展示出你是一个有才能的领导。也就是说,让大家知道你有从项目开始到结束整个过程的监察计划,你还会去为大家争取各种资源,你不会因其他新事情转移你对变革项目的关注力。

以上这三件事情一旦确定,你就可以开始做工作交接了。下面列出了你与被授权人(或被指派任务的人)在谈话中应该包含的内容。

创建一份合约

对于交接工作和指派任务,也就是领导指派某人做变革计划或是分担变革的某部分任务,一个非常好的方法就是创建一份简单的合约。这份合约应该要包含以下几点:

对产出成果达成共识

工具箱:如果想要获取与其他管理者合约的打印版,请访问 www.askaboutchange.com,搜索 contract with other leaders。

你要确保你和被授权人或团队对期望达成共识。向大家解释你的成功画面是什么,成功看上去是什么样子的?当成功了的时候,我们是如何知道的呢?记住罗伯特·马杰对于目标的建议:如果你在大街上遇见了"目标",你能一眼就认出它来吗。

具体的里程碑和完成日期

解释清楚在整个过程中是如何衡量成功的。你将会用到什么指标?如果对这个问题没有好的答案,那么就要求助于被授权人,大家一起合作制定出一个清晰的、可衡量的里程碑列表。

当大家向前推进时,你要让大家知道你要求什么样的细节。某些领导想要知道变革中每一步的具体信息,而另外某些领导却只需了解最低程度的更新信息就够了。要确保被授权人明白你想要什么。

资源

问各个负责人,为了达到目标,大家需要什么资源?例如:

- **人**。为了变革成功,他们需要什么人?也许他们想要接触一位在另一个地点工作的工程师,或是一位跨国的市场营销奇才。
- **财**。他们所负责的项目预算是多少?
- **与其他利益相关者的接触**。询问他们还希望与谁交谈来保证变革的成功。通常这些人会是与你同级别的同事,你可以成为他们两者之间的联系人,帮助敲开同事的大门。
- **与你的接触**。讨论一下能维持你不断与变革项目接触的最好方法。告诉他们在紧急情况下能联系到你的最好方法。
- **时间**。这些人很可能已经在超负荷地工作了。你不能给他们再添加一个主要项目,还期望他们能够很好地完成,你只有去调整各个项目的优先排序。如果你不这样做的话,你会面临许多项目的夭折,或是好一点的结果——达不到预期。

预见小故障

在被授权人的帮助下,大家一起为可能出现的错误来场头脑风暴。(不要假装这次和往常不同,不会出现意外,还是计划有意外吧。)

鉴别这些小故障对当下的重要性。与大家一起讨论如何才能避免这些小故障发生。这些小故障发生前会有什么样的预兆?当小故障发生时又有怎样的应急方案以避免它成为大问题?

回顾检查

确定每一个人对这份合约的所有部分都没有疑问。感谢他们的到来——然后就可以"初始行动"了。这个简单的程序可以让变革在正确的轨道上开始,并且能够免去很多令你头疼的事儿,避免声誉受损和潜在失败。

为未来培养能力

许多变革在成功或失败之后都没有对到底发生了什么做深入分析,这一发现让我非常震惊。美国国防部用"事后报告"(After Action Report, AAR)的方法来听取所有重要事件的报告。这种方法逐渐被普及其他政府部门和一些企业中了。如今这种方法通常被简称为AAR。有人会说,恺撒大帝(Julius Caesar)对高卢战争(The Gallic War)的评论是第一个深刻运用AAR的案例。

工具箱: 如果想要了解事后报告法的讨论工具,请访问 www.askaboutchange.com,搜索 AAR discussion tool。

事后报告(AAR)法

事后报告(AAR)可以帮助你开始看到在下次机会中你想要保留的行为和你想要避免的行为。这是一个能够让你建立起引领变革能力的工具。

这个方法的过程本身很简单——所需要的就是勇气。你需要有听真话的意愿,这可并不总是那么容易。如果一个主要的变革在没有取得任何可衡量的成果前就失败了,就产生让"听真话的意愿"悄悄地消失掉的诱惑。其他人也非常乐意与你一起同谋做这件事,于是这个项目就会很快消失在众人的视线中。这样做是保住了声誉,但是没有人能从中学到东西。

一份事后报告中通常涵盖以下几个基本问题:

- 我们曾经的目标或者期望是什么?
- 什么事情做得好?
- 什么事情做得不好?
- 我们从中学到了什么?
- 将来再做,我们不同的做法是什么?

如果你在谷歌搜索中键入"after action reports"(事后报告)这几个字,你就能找到报告的模板和许多完成的报告例子。

为什么"事后报告"有可能会失败

我见过填写这份事后报告的一个巨大隐患。完成报告的过程中,有时会把注意力放在报告本身,而忘记了最初选择写这份报告来评价自身行为的原因。一份"事后报告"的价值在于让人们获得经验。有时候之所以需要"报告",就是因为它会让你和主要参与者从现实场景体验中脱离出来,非常坦率地识别出哪些做得好,哪些做得不好,哪些事情在下一次要有不同的做法。

这需要运用你的领导力。你要坚持"事后报告"是激发与关键利益相关者对话的过程。这需要你是整个过程的主导者，而不能把这个任务委派给任何人。

已具有变革能力的组织可能会发生什么

正像大家所看到的，本书不是关于文化变革的。它的目的是支持你在当前的组织文化下成功地引领变革。当然了，为了让大家参与到你期望的变革方式中，可能你会发现需要让组织向 Y 理论靠拢，这是很重要的文化变革。与此同时，关于你如何才能构建一种能力，对不同类型的独特组织采用不同的变革处理方法，值得用以下几句话来刺激一下你的胃口。

如果你的公司文化是基于 X 理论的（请参考第 5 章"忽视背景，将你置于危险境地"），在这个环境下工作的人们是缺乏信任的，他们甚至不会去尝试参与，变革可能在初始期就夭折了。评估一下，要找到能有机会成功的地方。如果你现在置身于倾向 Y 理论的文化中，这里的人们有着内在动机和渴望参与工作的信念，他们缺的仅仅是如何把有效的变革管理实践根植于文化当中。一旦探索出方法，便能构建出处理好变革的能力，那将会是硕果累累。

吉姆·柯林斯在他的《从优秀到卓越》一书中写道，卓越的公司"……在管理变革、激励员工或是创建联盟上都没有放什么专注力，在正确的环境中，这些有关承诺的问题、联盟的问题、激励的问题与变革都是融为一体的"。他说：它们都是融为一体的!

他继续写道:"从优秀走向卓越的公司都不需要用专门的名字、标语、启动仪式或程序来表明它们的转型。从分析报告中看到,实际上这些公司当时并没意识到他们在做重大的转型,在转型发生后,回想起来,这些事件才变得清晰起来。"[1]

在2001年,当我第一次读到上面这两段文字时,我很害怕各公司会因为柯林斯说优秀的公司不必担心这些事情而放弃引领变革。看来我是多虑了,因为几乎没有企业会尝试实施从书里读来的东西,所以我是杞人忧天了。

我并不认为柯林斯的意思是"不要尝试去引领变革",而是那些卓越的公司已经创造了变革的文化,因此变革管理程序本身的必要性就不大了。

我认为在很大程度上,造成这个"转型谎言"的关键在于"使变革成为引人入胜的事件"上(如下图所示)。卓越的公司不必担心"制造事件"的问题,因为那就是它们每天的工作。每个人都知道业务上重要的事情——优势、劣势、机会和威胁。大家知道驱动业务要看哪些数字,他们都知道自己要贡献什么以帮助公司达到那些数字。因此,当公司需要一个新的企业级软件系统时,并不会受到太大的阻力,因为大家能看到为什么需要它。在小一点的公司,他们采用的是开放式管理,公司公开所有的事情,大家都能参与到影响公司是否能健康运营的决策中。(当然,这种方法在大公司也是可行的,但是因为大公司有很多层级和分布很广的分支机构,大家上下沟通要更困难一些。)

组织有不断"制造事件"的能力需要大家有强大的信念。

---

[1] Jim Collins. *Good to Great*. New York: Harper Collins, 2001: 11.

使变革成为引人入胜的事件

组织需要相信它们的员工、专业人员和经理们都具备做好这项工作的能力,相信人们都承诺去做正确的事。这就是我在本书中提到的 Y 理论型组织。

工具箱:如果想要了解关于保持变革鲜活的 23 个想法,请访问 www.askaboutchange.com。搜索 23 ideas。

当我在一个组织中工作时,只要涉及"人们是否清楚事情进展得怎样了",只要牵扯到"大家在说未来的业务会怎样了",我总是会对此充满好奇。这些信息能告诉我该组织的思维模式和真正的价值观(而不是那些贴在墙上的东西)。如果我要尝试去改变一个组织的企业文化,让这个组织能够更加响应本书中所探索的变革管理方式,我会最先观察是什么妨碍了组织"使变革成为引人入胜的事件"。

架起"知"与"行"之间的桥梁

显而易见的解决之道

当你读着本章"如何保持变革鲜活"时,如果运气好的话,你会看到一些能帮助保持变革鲜活的大事,而且意识到你很容易就能确定这些事情是否已经做到了。变革的这个阶段与其他阶段不同的是,要让自己更深入思考,我们要做的比当下实际做到的要更好。这个保持项目向前的方法是如此的明显,以至于很多人会把这看成是理所当然的事。

缺乏知识

如果说你在这个阶段缺乏什么知识,我能想象到这些知识都是很具体的。你可能想知道什么样的信号才能让你知道正在"以适当的节奏工作",或是你要理解有效授权的要求是什么。要紧密关注公司里能很好掌控这一阶段变革的人,此时是最好的观察点。这些人会向你展示如何在独特的政治与文化环境中完成任务。问问他们将如何处理这个阶段的现实或假设的变革项目,请他们根据你目前的变革现状给些建议。

缺乏技能

在《核查清单宣言》(*The Checklist Manifesto*)[①]这本书

[①] Atul Gawande. *The Checklist Manifesto*. New York: Metropolitan Books, 2009.

中,阿图尔·加万德(Atul Gawande)写到,采用了核查清单的外科医生绩效更好,手术也更安全。而遵循"禁止核查清单"(proscribed checklist)的机组人员也不用担心自己会忘记一些细微但是极为重要的任务。我鼓励你也考虑采用核查清单的方法。除非你具备非常熟练的项目实施技能,从而能做到保持变革鲜活,否则还是考虑采用低级的核查清单的方法。本章中所涵盖的要点都很容易产生共鸣,但也非常容易被忽略。

相互矛盾的信念和背景

我正陷于尴尬处境。作为一名管理者,也许你的兴趣就是看着你引领的变革达成预想成果;然而,也许会有其他的"兴趣"与之竞争,从而让你远离目标。

使你远离目标的东西来自你自身。你想要确保你的视野宽广,守望着新机会和可能出现的威胁。因此,你会坚信"参与到保持变革鲜活的琐事中"会转移你的注意力,让你不能集中在考核真正管理者绩效的任务上。

你的组织可能会对你施加了各种其他要求,致使你不得不把视线从"完成引领特定的新变革"的目标上移开。例如,组织可能会要求你在完全不同的时区出差,80%的时间都花在路上了。你很可能因为开始一个全新项目而受到奖励;也可能因为把一个变革从开始坚持到尾而受到惩罚。

我希望你能够看出你工作的环境背景是如何影响你个人目标的。刚才描述的这些相互竞争的力量使你看不清自己到底想要什

工具箱:如果想要获得 J. R.McGee 关于维持变革承诺的采访,请访问 www. askaboutchange.com. 搜索 sustain change。

么，也不知道如何才能设置自己觉得最佳的事务优先排序。

如何描述成功做到了保持变革鲜活

复盘组织中以前的变革，识别那些成功的变革有什么独特之处。从你的同事已经做成功的事情上学到东西。这样的方法能帮你识别出你正走在成功路上的信号。也就是说，你要严肃对待"事后报告"流程。通过清醒地看待以前的成功和失败，你能从中学到很多东西。

要有完备的系统来支持变革，这系统能包括：

- 沟通流程。此流程确保大家在需要的时候能够得到他们想要的信息，并且能够提供即时的数据、关注和对其他人的提问。
- 监控进度的方法。这些方法能帮你很快发现进程中的小故障和其他的问题。
- 能够支持新计划的汇报结构。
- 绩效管理系统。此系统聚焦在与变革关联的目标完成情况。常见的情况是，人们被要求艰苦工作去完成新的项目，但到年末才发现，用的绩效考核标准却是另一套。
- IT平台和软件，人们使用新的方法来提高工作的质量和服务。

请记住，保持变革鲜活的目的在于把变革导向循环周期的

"产生成果"阶段。因此,一旦系统各就各位,也就到了是否取得你想要的成果的时刻了。大家接受了他们所需要的培训、新的程序,或是项目成功的启动了,你从前期的试验和最初的启动中都得到了许多经验,从而改进了整个进程,使得工作顺利开展。

想要一个项目产生成果,可能需要一些时间(也可能是很长一段时间)。这就是为什么作为一个管理者,你必须要专注于这项变革的原因。

第9章

回到正轨

你应知道真相,而真相会使你疯狂。

阿道司·赫胥黎(Aldous Huxley)

在1980年,圣海伦斯火山(Mount Saint Helens)大规模喷发前的五天,火山由于内部压力而轻轻沸腾并冒出烟雾。大家都知道火山即将爆发,但没有人能预测爆发的威力有多大,火舌能在华盛顿上空喷多高,会有多少岩浆从火山口中喷出,岩浆又会奔向什么方向。抗拒与圣海伦斯火山非常相似,你可以猜测,你可以估算,但在抗拒爆发之前谁都不能确定它的强度。礼貌的谈话、匆忙的经营情况简报、员工之间正在进行的口口相传,这些已经给出了暗示,表层下的深处正在聚集着压力。

人们对火山的恐惧是有正当理由的,大部分游客和居民在火山正式爆发前都撤离了。撤离岩浆喷发点是合乎情理的,这就是为什么拥抱抗拒显得很疯狂。想要有效地处理抗拒,你必须有主动召唤火焰的意愿,你要鼓励火舌和炽热红色的火山灰喷射到会议室的上空。你不应只满足于那些零星的火花,你需要感受到那咆哮的力量。本章会聚焦在拥抱抗拒的方法上。

回到正轨意味着什么?

你正置身于变革之中,你看到某些事情正在缓慢下来,有些甚至停在了某处。你环顾四周,发现原因不是预算危机,也不是因为某个紧急事件转移了大家的注意力——事实上是大家不喜欢这个变革。

你提醒大家"你们期望的是什么?"但这不起作用;你威胁和惩罚,但这也不起作用;你请来了一位激励人心的演说家,大家被说笑了,不过除了这个还能留下些什么呢?

工具箱:有关为什么事情会脱离轨道,请访问www.askaboutchange.com,搜索back on track。

你要努力去寻找原因,为什么大家反对这个变革(或是反对你)。你可以决定向前拥抱抗拒。为什么要采用这种违反直觉的方法呢?因为只有当你看到并且感受到了抗拒的热度时,你才知道抗拒来自何方,你才能预见抗拒的强度。

如果你把抗拒看成能量,那么你就能看到有效利用它的唯一方法就是让它彰显出来。可以想象一下,一台能把火与热转化成电力的发电机正坐落在圣海伦斯火山的山顶。只有当火山喷发时,你才能接收到它巨大的能量。当然了,你需要找到合适的方式,安全地释放这些能量。

需要避免什么

假设只要继续推进，事情就会好转

能量可以为你所利用，也能阻碍你。如果事情已经开始脱离正轨，你就必须处理它。除了资金不足或是有重要的技术缺陷等问题，通常你面临的都是巨大的抗拒。因为一旦这些能量转向与这个项目对抗，推进就会让抗拒的能量积累，再积累。

我的建议：放慢脚步，思考一下，如果真的是你错了，那后果会怎样。至少你要评估一下第 1 级、第 2 级、第 3 级抗拒分别是怎么样的。本章会对于你的评估信息给出建议。

采取强硬手段

当有人抗拒我们时，有可能会引出我们自身最糟糕的东西，扣动了"条件反射反应"的扳机，使得我们做出一些不太好的行为。我们会恐吓、命令、开除、换人、侮辱他人，然后我们自己会变得令人厌恶。

我的建议：重温一下第 4 章中"处理你自己的条件反射反应"的内容。如果你想效仿专制行为，那就在自己神志清醒的情况下做，而不是凭自己的条件反射反应来做，这两者的差别是很容易区分的。如果你思考过采取强硬手段带来的那些意想不到的后果，仍然选择采取这样的手段，这可就不是条件反射反应了。不过就我个人而言，我是反对这样做的。采取强硬手段可能会造成后来的反扑以及给未来的变革埋下隐患。它还向大家发出了这样的信息，那就是一旦出现问题，你的第一反应就是收回权利，由你控制。

止于抓住第一个征兆不放

强烈抗拒可不是闹着玩的，它会引出受到攻击和威胁的第2级抗拒的感受。作为一个管理者，你发现你正在尽力控制自己的条件反射反应，不让它冒出来。因此，你一旦发现预兆——任何预兆——看起来像是人们抗拒的原因时，你就立刻跳出来消除紧张。你想要修正问题，但是之后你就会发现，你修正的是一个错误的问题。

我的建议：不断保持探索，确保你发现的是引起进度停滞的真正原因。这绝非易事，但这总比修正了一个微不足道的问题要好得多。

怎样才能回到正轨

在采取任何行动之前，你需要注意人们对你的真实抗拒。

留意信号

尤吉·贝拉曾经说过，"看就能让你观察到很多东西"。一旦你知道要去看什么的时候，你就开始看见各种各样抗拒的面孔了，这是第一步。一旦你看到了抗拒，你也就能够描述它。在这里，你最好回顾一下第3章中如何认出抗拒的内容，辨认抗拒的百态：

- 困惑
- 立即批评
- 否认，扭曲
- 恶意顺从
- 蓄意破坏
- 轻易赞成
- 沉默
- 公开批评

在一个会议中，你可能会看到大家沉默式的抵抗；在等电梯时，听到意志强烈的驳斥声；或是目击蓄意破坏的影响。这些都是碎片信息，它们警示着你正处于潜在的火山口上。

与抗拒一起工作

一旦你感受到人们正在抗拒时，有三件事情可以做：

① 评估发生了什么事（找出第 1 级、第 2 级和第 3 级抗拒的问题是什么）。
② 分析你刚刚了解到的东西（释译这些信息）。
③ 行动（做一些事，努力把抗拒转化为支持）。

第 1 步：评估发生了什么事

最好列出一个清单来思考这件事。你需要知道第 1 级抗拒（理解），第 2 级抗拒（情绪反应）和第 3 级抗拒（信任）的问题分别是什么。请记住，这三个等级都有它们积极的一面（支持），也有它们消极的一面（反对）。

你可能会看到这样一种情况：大家理解了这个挑战，也理解公司对他们的期待，但是因为他们不相信你能够有效地领导这个如此巨大的变革，而对即将发生的事情感到恐惧。

以下方法能让你发现组织思考清单上都有什么：

嘀咕声

一个大型公司的员工对公司的管理机制非常气愤。因此一个名叫《嘀咕声》(*The grunt*)的地下报纸应运而生了。它成本很低，秘密发行。报纸中充满了恶言谩骂和对管理机制的强烈抨击。

管理者们开始寻找发行这个报纸的负责人——不是为了去和他们交谈并从中理解有关问题，而是为了惩罚他们。假如管理者们能够表现得勇敢一些，他们就能从《嘀咕声》中学到很多东西——不是从报纸的内容，而是从这份报纸存在的本质中学会。事实是人们能花时间并冒风险去办一份地下报纸，对于公司管理者和员工关系，它给出了很多信息。不幸的是，高层管理者"搜查并销毁的任务"只会增加人们的恐惧和怀疑。

《嘀咕声》的出现使得人们回到了油印机时代，制作人要把机器藏起来以躲避那些窥视的眼睛。今天，《嘀咕声》可能会以博客的形式出现，或者在社交网站上的聊天室里出现。在你的社区里，你要时刻注意《嘀咕声》出现的信号。

洗手间里的谈话

抗拒的信号有时候很难被发现。正式讨论场所除外,最好在洗手间、电梯、走廊、午餐时或本公司版本的《嘀咕声》正在创作时,去收集抗拒信号。

几年前,我曾经观察过一个小组的经理讨论公司正面临的挑战和变革。会议看起来进行得很顺利,他们的言语和行为都没有出现任何问题。但在休息时间,我在洗手间里遇见一个参会人员时我才知道了真相。我问他:"你觉得这个会议怎么样?"令我吃惊的是,他回答说:"又是老一套,我们从来没有获得过任何成效。"后来我又碰见另一位经理,她也给了我相似的回答。会议继续进行,没有人认为这是一个富有成效的会议。但参会人在一起开会时,却没有人提出任何不满。

工具箱:如果想要了解何时继续,何时离开,请访问 www.askaboutchange.com.搜索 know when to walk away.

在面对面会议之前先征求大家的反馈

聆听一屋子人给你个人以及你的想法提出意见是需要很大勇气的,同时这也是一个非常危险的方法。当你听到那些直白的、不加任何修饰的批评时,你可能会由于条件反射反应而做出防御行为。我就曾见过有人对直白的意见做出回击的情景。而当你这样做时,情况就会变得更加糟糕。一旦人们发现提出意见不再安全的时候,他们就会保持沉默,尝试用更安全的替代方法。

一位金融服务公司的部门经理积极推动变革,他开始听到对于变革的批评,并且批评在逐渐增加。虽然大部分人都认同公司应该通过提供高质量服务来保持领先的竞争力,但是他们对这位经理是否会严肃认真对待这些变革感到怀疑。这些变革会对自己的职业生涯造成什么样的影响呢?这位经理让每一个有顾虑或是疑问的人都匿名写下他们的想法,并把这些想法在会议之前收集上来。这样他在直面100人的管理团队之前,就已经阅读完了所有的意见。

在会议进行中,我看到他对所有的疑问和评论都做出了回答。因为他对所有疑问都持着开放鼓励的态度,这让其他人愿意提出一些更加细节的问题。他找到了一个安全的方式让大家释放,并听到对于变革项目的主要批评和顾虑。他能在一次会议上听到所有的意见吗?可能不会。圣海伦火山的爆发也持续了几周的时间呢。为什么不让我们的生活变得更简单些呢?然而,这确实是一个很好的开始。

让大家容易发表意见

用我们熟悉的方法开始:让大家和他们信任的人先交谈。在一个公司痛苦的组织重组过程中,高层管理人员需要听到是什么阻挡了变革的实施,每个部门都能把关键问题摆到台面上说非常重要。大家开始先在自己的小组里讨论这些问题,在一个熟悉的环境中,人们在谈论这些问题时会感到舒服些。其中的一个人可以把意见都记录下来,并向全体人员汇报一下结果。因为这些意见并不是针对变革发起人个人的,大家会感到更安全。

工具箱:如果想要了解参与到谈话中的小技巧,请访问 www.askaboutchange.com,搜索 dialogue tips。

一旦这些问题被公开提及了,那么魔咒也就消散了。对于一小时前还是禁忌的话题,现在公开了,人们往往就能够非常放松地谈论这些话题了。

回看正式调研结果

如果你把抗拒看成是检验成果的镜头,那么员工们做的匿名调查可以给你提供丰富的信息。许多公司会要求员工填写此类态度调研表。一般来说,这些调研包括了领导力、团队合作、工作计划的问题,事实上包含了所有管理和人际关系的问题。经理们或是整个公司的团队常常提出策略来改进调研中得分较低的事项,并且保持整个公司在正确的轨道上运行。

除了像你往常一样解释调研的结果之外,还要注意在调研中对于推出的变革(或最近正在实施的变革),大家都说了些什么。

- 大家对管理层的信任是增加了还是减少了?
- 大家是不是很吃惊,对你要去的方向是否感到困惑?
- 公司里已经有了对于变革的叙述性评论?

如果你在调研结果中挖掘出了一些抗拒的信号,你就需要做更深入的研究。假如在高层管理者的信心指数调查中,过去的两年里,指数从 6.2 跌到了 3.1,调研结果告诉你"指数急剧下跌",你就要去了解为什么会这样。对于这种下跌的含义,你毫无疑问应该做出假设。然而除非针对假设你做了直接的核查询问,否则你不能正式确认假设为真。你必须把调查结果和其他释放抗拒的有效方法结合起来,例如多样化的群策群力或焦点小组会议(参看本章后面栏目中有关于"群策群力"的描述)。

我并不建议你为了进一步理解抗拒而再做一次正式调研,那是过分之举。然而如果你已经从最近的调研中获得了相关信息,那就要从中学到一些东西。

非正式调研问卷

我是非正式调研的粉丝。根据变革,你花几分钟就可以准备好一个即刻收集信息的调查。精心挑选的问题可以让你获得重要的信息。

写上几个刺激性的问题(我会尽量限制在四个以内)总会让我得到很好的结果。可以通过公司的邮箱系统把调研问卷发给大家(请一定要确保大家回复邮件时是匿名的)。邮件比起传统的纸质问卷可以得到更快的回复和更高的回复率。同时,像正式调研一样,要把收集信息作为进一步深入交谈的基础。

工具箱:如果想要获得回到正轨的调研问卷,请访问 www.askaboutchange.com. 搜索 back on track questionnaire。

我是用"调查猴子网站"(SurveyMonkey.com)来制作、发送调研问卷和收集研问卷结果的。这个网站快捷、直观,又非常容易上手,你可以免费使用。还有其他在线调查的方式,你也可以浏览看看。

> **把事情摆到台面上**
>
> 以下的程序步骤是为了启动理解那些可能被隐藏起来的问题。

1. 召集一个小组,这个小组由公司跨部门人员组成,能代表所有的等级和所有的利益。确保这个小组能代表公司的一个缩影比这个小组有多大规模要更加重要。
2. 让每个部门的成员自己组织会议(没有上级领导参与)来讨论线上调研问卷中的问题。小组给出问题的排序,并且讨论他们这样反应的原因,每个小组可以把他们的讨论结果写在白板纸上(高层经理要组织他们自己的小组来回答这些问题)。
3. 一次只专注一个问题,让每个小组都讨论为什么给出这样的排序,给出这样的评分。虽然在讨论中不允许评判,但是要鼓励用提问来澄清为什么这样反馈。
4. 当评分相近时,要求每个人都来帮你澄清观点,列出评分有什么不同。
5. 在整个会议中要求大家给出回应,你要诚实地给出自己的回应。如果让你感到吃惊,说出来;如果大家的回应证实了你的假设,告诉大家;如果因为大家评出的高分而让你感到安慰,也要让大家知道。
6. 不要当场做出承诺,但是要让大家清楚,了解信息后,你计划要做什么。确保自己会坚守承诺,并且会带着答案或反馈再回来见大家。

如果你采用了调研的方式,不管结果有多么可怕,都要把汇总结果告诉大家,这是释放的过程。把调研结果贴出来(当然要删去姓名），让每一个人都看到小组是如何看待这个变革的；大家都能看到巩固变革或是阻碍变革的主要问题是什么；大家也可以看到自己的支持或反对意见是否是孤单的；其他人对这样的结果是感到惊恐，还是喜悦呢，其他人是否也提出了相同的问题。调查结果给每个人呈现了同一幅现实的画面。

如果你决定和大家分享调研结果，要等"把事情摆到台面上"过程的第 2 步完成，并分析了结果之后。作为第 3 步的一部分，你可以公开调研结果，并说出你对结果的理解和要做出什么不同的计划。

我发现有时候会因为一些法律问题限制了信息公开。但是我也见过一些管理者会用"法律不允许"作挡箭牌，以防止他们在公众前丢面子。

焦点小组

我喜欢组建一个 6～10 人的焦点小组。他们一次会议大约会进行一个小时。会议的目的就在于要收集信息：什么行得通？什么行不通？

安全是关键。大家要感受到自己可以自由交谈，引导师和主持人的作用是聆听和释义，不是回应。舞台上没有地方让你指挥和唱赞自己的想法，你的目标是学习。

我喜欢带着几个关键问题进入焦点小组会议，并且根据我所听到的内容来提出问题。我发现，如果我提前做了过于充足的准备，并带着过多的问题去参加会议，那么我就会把更多的注意力集中在自己准备的内容上，而不是去聆听和回应大家所说的内容。

我问了什么问题？

不管是一对一的谈话、一次调查或是一个焦点小组，我常常根据三个抗拒等级为导向提出四个问题。

① 你要理解了什么能让你投入到变革之中（第 1 级抗拒）？请解释一下。
② 对这个变革，你的反应是什么（第 2 级抗拒）？请解释一下。
③ 高管团队要有效地领导变革，对他们的信任要达到什么程度才行（第 3 级抗拒）？请解释一下。
④ 还有什么？

就这些。如果我进行的是面对面的交谈，我就会继续问一些跟进问题，因为对于大家正在思考着什么、感受着什么，我要尽可能地得到最清晰的画面。

保持专注

不管你决定如何收集信息，你都要专注在一个目标——就是要理解第 1 级、第 2 级、第 3 级抗拒的问题分别是什么。

就像我的客户曾经告诉我的，"执行官和我一起进行了聆听之旅"。我喜欢他们这种明确的意图。我们就是来聆听的，而不是来说教、说服、哄骗的，只是来聆听和理解的。

同时也要简单，只需问几个问题。你可能已经准备好了 25 个问题，不要这样做。我把非正式调研问卷发给大家，并且告诉他们问卷只包含四个问题，完成调研问卷的时间不会超过五分钟,回复率通常会超过60%。而当我发给大家一份更长的调研问卷,不仅回复率会降低,回复的质量也会降低。例如:你对这些变革的反应是什么?回答:这些变革还不错。你觉得管理者怎么样?回答:我不知道。

当展开面对面的会议时

以下的原则有可能把与其他人或其他独立小组的会面变得更简单。

先私下会谈:大多数案例中,在公众会议之前,人们总是先私下会谈或是先小范围会谈。找一个方法,让大家在说之前先思考,这样大家通常能给出富有创建和深思熟虑的回应。私下会谈通常也能使你的工作更加轻松,你感到没必要去保

群策群力

美国通用电气公司把问题都摆上桌面而且解决的方法在设计上非常简单。它的力量来自于给参会者提供安全的环境和氛围。参会者要离开自己的办公室或工厂,并穿休闲服装。会议地点和非正式的形式,这些改变都传递给了大家一个信息,这不再像往常那样是个商务会议。

在讨论期间,上级管理者并不在场,由引导师或主持人与员工一起界定问题,并提出切合实际的建议方案。通常情况下,大家会花费不少时间来抱怨,然而这种方式释放了抗拒,并且能使扎实有效的想法或主意随之而来。

当上级管理者来到会场时,他们必须公开地讨论会议给出的建议方案,并在现场做出决定。通常80%的建议在现场就能给出"肯定去做"或"否定不做"的决定,而20%的建议会给出"在接下来的一个月内得到答复"的决定。

护自己的想法和名誉。

让说话的人安全：在某些组织里，焦点小组不能发挥作用的原因就是大家信任度太低。而在另一些组织里，人们在任何时候都可以感受到说话的自由。选择适合组织的策略是非常重要的。如果你选错了，你会发现的。比如你主持了一次群策群力会议，但是却没有人参加，或是只有很少人发言，在当下时刻，你可能为这个小组选错了方法。

关起门来谈话：1994年，美国与俄罗斯的历史性首脑会议上，美国总统克林顿和俄罗斯总统叶利钦决定把他们的部分谈话关起门来进行，而不是像往常一样各自带着一大群的助手开会①。这样的会见可以让谈话者感觉到更加自由，他们不用担心自己的意见会被泄露出去。他们的谈话不会被记录下来，他们可以不同意对方的见解，同时谈话者也不需要一直为观众们保持着好脸色。

　　智慧的员工会先在私下里把新想法介绍给老板。在远离人群的地方，老板更容易开诚布公地探讨反对意见。在公众场合，某些老板觉得自己要表现出一种超然的态度和权威性，因此不会承认自己的弱点或是探讨不同的意见。

记住，人们抗拒都是有正向原因的：从大家的角度出发，他们抗拒你的想法都是有正向原因的，当你询问人们有关抗拒的内

---

① Ann Devroy. "U. S., Russia Sign Variety of Pacts as Talks Focus on Economics". *Washington Post*, 1994-09-29: A25.

容时，要保持这样的心智状态。不要挑剔大家的意见——只需要努力理解他们内心的想法是什么。

不要惩罚真相：这和上一点有直接相关性，对诚实要抱有感激之心，不要杀掉真相的送信使者。

给自己思考的时间：对于变革，在你直面可能的反对或质疑之前，写下调研问卷的结果和评论，会给你咀嚼和消化的时间。

给大家一个目标：你的愿景越清晰，你期望的反应就越强烈——这是一件好事。问问自己到底想要什么，如果你正在考虑一个公司的重组，这个重组会关闭五家公司的分部，并且辞退上百人，那你就必须把这些告诉大家。

你会因为一个原因而对这个变革感到异常兴奋，其他人必须知道这个原因是什么。一个部门的负责人告诉她的员工："我们在未来的数年 **工具箱**：如果想要获得"清单"的练习题，请访问www.askaboutchange.com. 搜索The List worksheet。

里会面临一些重要的挑战，我不认为我们的结构有足够的能力来应对这些挑战。我想让大家一起组建一个部门，一个能够不断适应并回应新挑战的部门。"商业环境变化的真实信息成为她讲话的支撑，她召集高层管理者开会，向他们展示未来的愿景。

一个清晰的陈述会让大家专注并且受到激励，一些人会因陈述中暗示的可能性而感到兴奋；而对于另一些人，这有可能会增加他们的恐惧和怀疑,这些能量就变成了抗拒而在其中流动。两种情境同在,在变革循环周期中你都会带着它们。

当德勤会计师事务所(Deloitte & Touche)的高层管理者决定寻找保留和推进更多女性职位的方法时,公司内部的反响非常强烈。就像你能想象的那样,一些人会说,"是时候做这件事了";另一些人对管理者的诚意表示怀疑;还有一些人觉得这个做法并不能为客户提供最佳利益。

你的陈述需要清晰并充满激情。清晰的陈述能让大家明白你所想;充满激情的陈述告诉了大家这个变革为什么对你如此重要。你的陈述越强烈,你获得的反响也会越强烈。(要小心那些不愠不火的陈述,就像这样的:"我的目标是我们公司在质量和服务上成为行业的领导者。"这样的陈述根本不足以激发最有潜力的支持者与你同舟共济,更不用说对那些强烈抵触者产生作用了。)

工具箱:如果想要了解当信任度低时该怎么做,请访问 www.askaboutchange.com.搜索 when trust is low。

第2步:分析你刚刚学到的东西

把学到的东西列成一张清单,把每件事情都填入表中的一个或多个格子里。

分析你收获了什么。

① 召集少部分你信任的,并能坦率发表意见的人开会。会议之前,把调研结果、非正式谈话和从其他资源得到的原始数据发给大家。把信息按组分类常常是很有帮助的,如把信息分成来自外地办事处的信息,来自一线

主管的信息,等等。

② 教大家三个级别的支持和抗拒,你可以在 5～10 分钟内做完这件事。

③ 把放大的清单复印件贴到白板或白板纸上。你可能会贴出多个清单复印件,这样你就能单独列出你从每一类信息中学到了什么(例如,一个表格是外地办事处的,另一个是一线主管的,等等)。

④ 邀请小组成员帮助你一起给原始数据分类。请记住,有些数据不只属于一个类别。当存在疑问时,先猜测一个,并且在那个数据旁边画上一个问号。

⑤ 花几分钟的时间让所有人能够安静地阅读下一页的"信息分析表"。

讨论:

- 面对这些信息,你的第一反应是什么?
- 什么信息在你面前脱颖而出?
- 在这之中有什么希望?
- 挑战在哪里?
- 我们应该做什么?(这一点引导我们走向下一步行动。)

第 3 步:在你理解的基础上采取行动

佩吉是一家大医院的护士负责人。佩吉所在的执行团队决定招聘一批没有资格证的员工来负责日常护理工作,如采血、伤口的简单换药。佩吉认为一些护士可能会对这个决定感

信息分析表

(第1级)大家明白的方法	大家不明白的方法
(第2级)喜欢这个变革的反应	反对这个变革的反应
(第3级)大家信任我(我们)的信号	大家不信任我(我们)的信号

到不安,她想和这些人谈谈。她决定以小组的形式和护士们见面。她告诉我说,如果她一下站在所有的大约350名护士面前,这样的谈话很容易就变成个人的演讲。

我们想出了一个简单的会议设计,一场会议计划90分钟,每次会邀请大约30名护士参加,直到所有的护士都参加了会议。

佩吉在会议开始时会向大家描述这项决定的根本原因和这个决定将如何在现实中实施。她还会谈到医院将聘用多少没有资格证的员工,这些人将会被分到哪些部门,此事的时间进度,等等。

我让大家分成2~3人的小组讨论,澄清和界定他们的问题。各小组进行了短时间的交流之后,佩吉会依次解答这些问题。

现在,护士们都明白了将会发生什么事情(第1级)。我让护士以小组的方式讨论了他们的反应,多数小组都说到他们担忧自身的工作机会保障问题。佩吉已经预料到会出现这个问题,她告诉大家她也有同样的担忧,然而她坚信这项决定会加强工作机会保障,并且还解释了原因。她还说,她没有巫师的水晶球,也不能准确地预测未来。

护士们还说出了他们对于失去资格证的担忧,如果新来的某位员工把事做砸了,那么负责这项工作的护士可能会丢掉自己的资格证。另外一个小组的护士说,他们担心给病人的服务质量得不到保证。

佩吉严肃对待大家提出的每一种情况。我可以非常清楚地看到佩吉尊重每一位护士和他们所说的每一句话。在这次会议之前她就赢得了大家的信任,举个例子:如果她要宣布一个通知,她会选择在白班通知一次,并在夜班再通知一次,而不是要求护士们在他们休息时特地来听这个通知。这件事情让她得到了不少信任。

当大家谈到他们的第 2 级担忧时,佩吉问了他们一个简单的问题:你们愿意和我一起来帮助新员工,让他们能够保持高质量的护理水平上岗吗?这样我们的资格证就永远不会处于危险之中了,对吗?这实际上也巩固了我们的工作岗位,对吗?

佩吉没有许下任何诺言,但是对于那些会受到重大影响的员工,她都让他们参与到了其中。在那次会议上,佩吉实施了完整的三个步骤——评估、分析、行动。

把群策群力当成一种行动方法

在 20 世纪 80 年代,美国通用电气公司的执行官杰克·韦尔奇(Jack Welch)因为进行了大规模的裁员,人们给他取了一个不太好听的名字"中子弹杰克"。之后,他问公司管理学院参加培训的人,外地分公司的人对这些变革有什么反应。经理们告诉韦尔奇他们深深担忧的事:大家正高负荷地去做被裁人员的工作,并且压力很大。

在返回总部的直升机上,韦尔奇让学院的负责人想出解决问题的办法。他们邀请员工坦率地说出真相,正是韦尔奇听到的这些意见促进了通用公司群策群力项目的发展。(可查看本章前面"群策群力"栏目里的描述。)

群策群力是把公司的员工——有时候是全部员工——集合起来,让他们告诉管理层他们的想法。这做起来并不简单,也不好玩，但是它能迅速地把信息都收集到台面上来。一个中层经理描述了这个方法是如何在一个工厂中发挥作用的。

> 我们得到的螺丝是一个质量不太好的供应商做的，被固定的板片会让螺丝头断裂，螺丝断裂就会刮伤产品和割伤人们的手——有一个人被割伤后缝了18针，此事引起了群情激愤。但是管理团队并没有站出来消除问题，他们只是说："好的，我们会从质量好的供应商那里采购螺丝。"但之后，劣质的螺丝总会再次出现。于是有一个叫吉米的经营螺丝店的店主站了出来，他做了群策群力，并向大家讲了事情的过程。吉米是一个特立独行的人、一个投石问路者、一个怀疑论者。他想要测试我们，看看我们是否真的想改变。
>
> 他知道他自己在说什么，他解释了他的解决方案，此方案必须要先知道螺丝适合嵌入被固定的板片有多深。我们听着，并问他："好的，那你有什么建议吗？"
>
> 他回复说："我们需要告诉供应商问题到底出在哪里。"
>
> 好吧，我对此感到非常紧张，但我仍然决定包一架飞机送吉米和其他几人一起飞往发现了劣质螺丝的弗吉尼亚工厂。
>
> 后来吉米把问题解决了，这给人们传递了强有力的信息，他成为一个领导者而不再是一个特立独行的

人了,为此我们给供应商们开辟了论坛,还给了吉米论坛的部分主导权。①

当管理者真心想要听实话时,一个群策群力风格的会议可以变得非常有效。但是站在一间大屋子里,聆听大家的批评需要非常大的勇气。

一个警告:群策群力可能会被滥用。如果把群策群力变成了验证手段,从而证明你是好领导,人们就会发现其中的虚伪。如果一个领导者发起了一次群策群力,并且事情看起来进行得很顺利,但群策群力之后,什么事情都没有改变,那群策群力就会变成一个笑话。

只有当你已经准备好深入聆听他人的想法,并且要采取相应的行动时,再去使用群策群力的方法。

架起"知"与"行"之间的桥梁

显而易见的解决之道

如果潜在的问题非常明显,你可能就不需要花费这么多力气了,你应该在很早以前就发现了警告的信号。

缺乏知识和技能

商学院通常不会教大家如何与抗拒同行。强烈的第 2 级

---

① Noel Tichy, Sherman Stratford. *Control Your Destiny or Someone Else Will*. New York: Doubleday, 1993: 244-246.

恐惧和第 3 级怀疑可能是令人恐怖的，因为你正是那些愤怒和困惑的靶子。

我强烈建议你重温一下第 3 章"人们为什么会支持你，人们为什么会抗拒"。当你反省一个糟糕会议，或偶然事件把事情弄得更糟的时候，你需要再读一遍第 3 章。你越是理解大家支持或反对你的原因，你就拥有了越多的选择。然后你可以在相对安全的情境下实践和尝试，说出第 1 级、第 2 级和第 3 级抗拒中积极的一面。在工作中是不缺乏实践机会的，在购物，旅行，也许在家里（但是要非常小心）也可以实践。

要关注那些与变革相关的，但是没有被提及的东西。为了清楚是否已经脱离正轨，要四周环顾寻找线索，大的和微小的信号都要关注。当你已经准备好去找出三个等级上分别都发生什么事情的时候，要放慢速度。要善待自己，不要一下子就站在 100 个人面前问"好了，你们是怎么想的？"你可能会听到超乎你脆弱神经能承受的话语，并且做出韦斯·克雷文式（Wes Craven-style）①的条件反射反应。

在发展回到正轨的知识和技能方面，有一个好的教练是非常有帮助的，而且一个非常了解你的教练更能帮助你远离潜在的条件反射反应。

相互矛盾的信念

你把变革拉回正轨时，可能有一个与之背道而驰的信念

---

① 译者注：韦斯·克雷文是曾执导《猛鬼街》(A Nightmare on Elm Street)、《隔山有眼》(The Hills Have Eyes)，以及《惊声尖叫》(Scream) 等经典作品的恐怖电影大师。

"一旦我大声提出问题,那么坏事是不是就真的发生了",或是"无论我做什么,是不是都只会让事情变得更糟糕",或是"我这样做看起来是不是很傻"。这些信念很容易引导出潜在的断言,例如"我承诺将不惜一切代价让变革保持在可控之中",或是"我将会与那些抗拒的力量奋力一搏,无论如何都会让变革向前推进"。你可以看到,"构建员工对变革的支持"与"跟抗拒奋力一搏"是背道而驰的。第 11 章"向精通进发"能帮助你制订计划,从而处理与回归正轨相矛盾的信念,例如对一努力就会把事情搞得更糟的深深担忧。

不同的背景

如果你在一个 X 理论的组织(可查看第 5 章"忽视背景,将你置于危险境地"的内容)里工作,在那里人被当作物体和追求最后结果的手段来看待,那么你会很难得到,或根本得不到支持去深层次挖掘出人们真正的担忧是什么。你甚至还会因为自己胆敢走到经理未曾涉足的领域而受到惩罚。当其他人透过 X 理论的镜头来看待你的行为时,他们可能会把你看成弱者。这就造成了一个强烈的困境,如果你公开探索使变革偏离轨道的原因,你可能把自己的名誉放在了一个危险境地;而如果你不去寻找变革脱离正轨的原因,这个变革的成功概率就大大减少了。

当你看工作中的背景时,对于知识和技能的需求呈现出了新的重要意义。你必须要知道如何在你那独一无二的组织中有效地工作,教科书和理论只会让你越走越远。可以思考在你的组织中寻找因领导方法而令你敬佩的人,寻求他们的建议,请他们吃饭，让他们开心。因为有很大的可能，你会一次又一次找他们，他们拥有的智慧对你来说是无价的。

如何描述已经回到正轨了

暴风雪的天气里，车子开到了沟里，当你把车子拉回路面并向目的地的方向行驶时，你能明显地感受到回到正轨了。把脱轨的变革拉回正轨也是一样的。问问自己，你是否已经回到大路上了？

以下是回到正轨的迹象：

- 对"保持变革鲜活"之类的任务，你给予了更紧密的关注。
- 你不必像一个朋友所描述的那样，必须经历"……洗个盐酸澡"。如果你还陷在抗拒的混沌中，你的胃会知道的。
- 你和所有为这个项目工作的团队都能在最后截止日期之前完成任务。
- 抱怨和质疑都集中在对以下问题的担忧上，每个人如何能以自己可能做到的，最有效和最高效的方法到达目标？

采访玛格丽特·惠特利

自然的变革

玛格丽特·惠特利（Margaret Wheatley）是《转向彼此》

(Turning to One Another)和最佳畅销书《领导力与新科学》(Leadership and the New Science)的作者,其中《领导力与新科学》这本书探索了把亚原子物理和混沌理论中的发现应用到组织中的方法。由于抗拒也是自然界的一部分,那么玛格丽特的想法可能会给我们的谈话带来一些启示。

我:你曾经写到过,牛顿力学模型会阻碍我们变革的能力。

玛格丽特:这是由于我们的机械想象所造成的一个绝对的心理障碍。机械只会在非常狭窄的范围内做出变化。我认为作为有机体,我们根本不理解自己具备了多么良好的条件能以一种创造性的方式面对变革!因此,抗拒变成了一个全然不同的问题——在某种程度上它被最小化。我坚信,对变革抗拒的所有关注只是糟糕变革过程的副产品。在组织中,我们正在经历的抗拒并没有谈及任何在变化的世界中应对"变化"的人类本性,或我们固有的天赋。

我:在你的视角中抗拒是什么?

玛格丽特:抗拒是人们对他们目前正在建构的自己身份的断言。

我:因此,假如当前的变革进程威胁到了个人身份,我们应该如何看待这个变革呢?

玛格丽特：世界是自组织的。所有我们能看到的地方，都能看到变化——改变，成长和发展，以及日益增加的复杂性。所有这些事情都是随处可见的，在我们自己的生活中也同样显而易见。然而当我们进入了组织当中，改变不是一种能力了，而成了我们的巨大问题。我认为我们应该停止负面地看待人类本性，应该用更加敏锐的眼光来看待我们的变革进程。我们自身确实拥有自组织能力，这意味着我们会不断变化以维持自身，我们对"变"并不陌生。在自然界中，"变"不是奇异事件，"变"就是自然界的生活方式。我想用一句话总结："人们不是抗拒改变，而是抗拒被改变。"

我：如果人们不是抗拒改变本身，而是抗拒"被改变"的话，我们能从中得到什么启发呢？

玛格丽特：有人曾说，对变革的抗拒就像是我们在给自己念咒语："每次我们聚在一起的团队会议，前20分钟都会用来说明变革是多么艰难，人们抗拒变革。"这是一个对人性未经检验过的信念。我们关于"稳定性"和"对平衡做出的承诺"的假设都是不真实的诺言，这并不是生命本身的样子。如果人们从变革的初期就能参与进来，他们就能够重新定义自己的身份，或是改变自己的身份，这样的话，他们就不会再感受到变革是威胁了。

第三部分
每次都缩小"知"与"行"的差距

> 不要把时间浪费在撞墙上，应寄望于把墙转化为门。
>
> 可可·香奈儿（Coco Chanel）
> 时尚设计师

我希望本书的前9章给你提供了思考变革计划和实施变革的方法，由此你能有更大的机会来成功引领变革。

最后这一部分将向你展示，如何把你在变革方面的知识扩展应用到其他方面，比如聘请和检查咨询师的工作、在你的组织内部选择变革的领导者。最后，什么能让变革的领导者们走向精通。对这个话题的探索将作为本书的结束部分。

第 10 章

通过"学而时习之"来拓展你的能力

当你完结了变化,你也就完蛋了。
本杰明·富兰克林(Benjamin Franklin)

吉斯把变革循环周期的拷贝图片带在他的钱夹中已经几年了。他告诉我他用它来提醒自己,关注周围每一个人(包括自己)正处在变革循环周期的哪个位置。这个即时评估总是能给出信息告诉他下一步需要做什么。

因为你已经深入到本书如此深远的位置了,我设想你正在寻找方法,把你之所学实践到你正在做的变革项目上。我希望在书的最后部分,通过展示一系列变革循环周期、三级抗拒(或称作三级支持)的应用来帮助你。

你很可能把这部分作为本书的食谱。不过我不期望你今天就对食谱中所有的菜都感兴趣,你可以选择一两个尝试一下。

下面的一些方法可以延伸你已经学到的东西:

- 与自己的团队一起运用;
- 评估你正准备用在变革上的方法;
- 与咨询师一起运用;
- 运用在选择变革领导人上;
- 运用在指导变革领导人上;
- 指导你自己的行动。

与自己的团队一起运用

一个保险公司的某地区办公室把变革循环周期图悬挂在他们的主会议室里。我问他们为什么这样做,他们告诉我这能帮助他们让自己地区的人与总部的人,还有其他地区的人步调一致。

工具箱:如何教你的团队这种引领变革的方法,请访问www.askaboutchange.com,搜索 teach this approach。

一个政府部门的领导把变革循环周期和三级抗拒教给了他的员工。当他着手一个重要变革时,他会对员工说:"我将要**在黑暗中摸索**几周,以努力发现事情到底怎么了。因此,你们会待在**黑暗中**的。"这样的做法能帮助大家在困境中保持相互理解。

教授"变革循环周期"和"三级抗拒"

我建议把这两个模型教给大家。根据我的经验，大家会很快掌握变革循环周期和三级抗拒的。如果你只能有一个45分钟的员工会议来教变革循环周期和三级抗拒，那么你需要提供足够的支持以让大家能开始做。

重要的是你和你的团队要立刻开始实践刚刚学到的东西，不要等到下一次会议再说，今天就用。（知识如不加以强化，它消退的速度是令人震惊的。）你可能会说："让我们用变革循环周期看看新的软件项目吧，我们现在处在周期中的哪个阶段呢？把我们的客户放在哪阶段呢？把我们的内部供应商放在哪儿呢？总部的人呢？"然后把你的关注转到你正在面临的第1级、第2级、第3级抗拒问题上，这些抗拒可能会阻碍变革的前行。

查看一下本书最后的资源页，在我的网站上（www.askaboutchange.com）你将找到很多免费资源，这些资源可以帮助你把这些方法教授给别人。

不要忧虑如何教得完美，更好的办法就是让大家能够开始使用它。你可以进一步让大家阅读书的某一部分或者利用我网站上的免费资源。

当你计划和实施变革时，使用这组镜头

使变革成为引人入胜的事件、迈出正确的第一步、保持变革鲜活、回到正轨是变革循环周期的四个阶段，你能发现它们给出了变革计划和实施所需要的所有构架。所以，要强迫自己

坚持运用这个模型。例如，当工作是在"使变革成为引人入胜的事件"阶段时，就专注此事不放松，直到它完成。也就是说就停留在这个阶段，直到你知道已经"使变革成为引人入胜的事件"。

你工作在什么阶段，就重新阅读书中涉及同一阶段的相关章节。同时，把你知道这个阶段实施中的其他资源也带进来。

诱惑在于前进得太快，你三心二意地尝试"使变革成为引人入胜的事件"，想用剪贴艺术和制作要点句子组成的史诗般的幻灯片来完成这项工作，而不想在这方面花费时间去查看一下是否真的完成了这个阶段的工作。

对变革的方法进行评估

你可能已经有了你自己喜爱使用的变革流程。非常棒，现在不要换马骑了。但是，要确认一下你的流程是否涵盖了支持创新变革所需要的所有事情。

也许你做的是关于启动一个技术性的变革，例如创建一个与你们组织各个部分都关联的软件系统，你需要计划一个协同企业级软件的、能反映每个独特挑战的游戏规则。我鼓励你把刚学过的方法——变革循环周期、三级别抗拒（或支持）——作为镜头使用，看看变革的每个阶段中显示人类本性的一面。

使变革成为引人入胜的事件

如果你跳过了这个阶段，你需要倒退回去，在你的计划中加上这个阶段。遇到这样的情况，请再次阅读第6章"如何使变革成为引人入胜的事件"(如下图所示)。

使变革成为引人入胜的事件

在使变革成为引人入胜的事件时,你要让大家知道你是否已经创建了愿景或目标,和推进变革到"产出成果"阶段的规划,你要让大家知道是什么导致你做出这个决定的。一直要睁大眼睛,这样你才会知道什么时候"使变革成为引人入胜的事件"确切发生了。

迈出正确的第一步

大部分变革方法所要解决的事情基本都在这个阶段(如下图所示)。尽管已用变革的意义来鼓舞大家参与了,是不是还会遗漏什么呢?在此阶段可不要耍嘴皮子的"投入"。

确保大家理解计划,并寻求他们的帮助,以便变革在你独一无二的组织环境中被接纳。

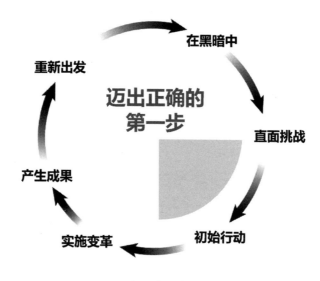

迈出正确的第一步

① 我们需要做些什么以确保这个计划能到达我们想要去的地方。
② 我们可能遭遇的陷阱是什么？
③ 如果这些潜在的问题发生了，我们如何处理？
④ 我们如何避开遭遇到的第一个陷阱？

邀请大家来影响这个会对人们产生影响的变革，这样你就是在要求大家撸起袖子大干，并融为变革计划的一部分，这可是件大事。

保持变革鲜活

确保变革计划涵盖了第 8 章"如何保持变革鲜活"所涉及的事项（如下图所示）。技术性和财务性的计划看起来好像是理性的,因为它们涉及了大量的数字和细节。这个假象让你对每件都很关注。以六西格玛实施为例,与技术元素相关计划同样重要的是,你必须在变革计划中还包括另一类事情,比如高层领导的承诺。如果对于能够保持变革鲜活的辅助性事务不予关注,变革会在还没有进入"产出成果"的阶段就夭折了。问问还记得 TQM(全面质量管理)的人,这样一个伟大的方法只在很少的组织里得到了全面实施。换言之,在历史上大量变革失败的浪潮中,又多了一个质量提升变革的失败案例。

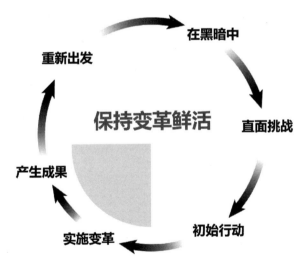

保持变革鲜活

回到正轨

走进一个已经包装计划好的变革里,可能会给你造成一种不会出错的幻觉。但你和我一样,都知道实际工作不是整齐划一的(如下图所示)。同样的第1级、第2级、第3级抗拒问题,既能把变革影响成这样,也能把变革影响成那样。问题是你很容易就能拿到亮丽的变革引导手册,它可能会引导你坚信,变革是整齐和线性的,你对自己说:"如果今天处理的是第128项活动,非常确定第129项活动就会发生在明天,像公鸡每天清晨打鸣一样。"

回到正轨

与咨询师一起运用

上面"对变革的方法进行评估"部分把所有的方法都讲了,与咨询师工作时,该应用它们了。

此外……

要知道咨询师是让幻灯片风靡起来的人,人们很容易被高能量的咨询公司所左右。因为他们说得太清晰、表达得太好了，又有制作一流文本手册的本领，他们能创造很舒服的错觉，一切事情都会很顺利的。

咨询师能给你的项目带来很多价值。他们有些人是你们这类特定组织的专家，有些人是你们这类特定变革的专家，他们还擅长让大家投入变革的流程中来，他们所有人都有潜在的、有价值的资源。

当你把自己的管理责任交给这些外来人时，问题就来了。你被公司聘用就是为了做决策的（至少我希望你是）。好的咨询师是不会尝试这种"篡权"的，但在领导力出现真空状态时，他们会立刻被"挤压"进来。

引领变革是你自己的职责所在，所以思考一下下面的短清单：

- 利用变革循环周期模型，确保咨询师给出的想法和方案建议符合你和其他人在变革循环周期中所处的位置。
- 要有被咨询师建议影响的意愿，这也是你为什么要聘请他们的原因。
- 只与那些也有意愿被你影响的咨询师一起工作。当你说自己的意见时，如果他们在翻白眼，就要改变游戏规则或者更换咨询师了。

保持变革鲜活

对变革循环周期的"变革实施"阶段要给予特殊的重视，这是变革项目"开始生活"的阶段。各项计划按部就班到位，大家已经接受了他们需要的培训，你合上闸盒，灯亮了。

这个阶段也是咨询师的合同终止点。咨询师做了你要求他们做的事，把你们从项目计划阶段带入了项目实施阶段。

问题是到目前为止项目还没有产生任何收益。你必须得到成果，这时的变革已不再是变革了，而是你如何做业务的一部分了。你开始从所有的努力中看到触手可及的产出了（如下图所示）。

保持变革鲜活

要与咨询师签署包括实施到"产出成果"阶段的合同，或者确保咨询师的计划能够有效地帮助大家提高参与度，当咨询师离开时，你自己的团队能够有承诺、有能力、有资源确保变革存续下来，并且有活力。（有些时候，我会很惊讶企业有那么多资金随意花费在让咨询师帮助他们计划变革和实施变革上，但接下来却不提供任何东西来支持那些需要进一步引领变革的内部团队和个人。）

运用在选择变革领导人上

对于某人未来会做得如何，其过去的绩效是最好的预测因子。玛莉亚工作出色，是个个人贡献者。由于她对自己工作的技术部分是如此的熟悉，所以看上去她似乎是一个领导项目团队的理想人选。可能是，也可能不是。问一下自己，你有什么能证明此人：

- 在创新时，能够获得支持与承诺。
- 对其他人的想法有好奇心，并且允许自己被别人影响。
- 在人、财、技术因素聚合在一起的复杂变革中，能实施管理。
- 对于抗拒，能够采用转化"反对"为"支持"的思路处理。
- 站在他自己的角度同时也能快速换位思考（不是条件反射形式的，而是深思熟虑形式的，就像军事艺术家那样）。

领导变革是一种挑战，否则变革的成功率就会高得多。读书很好，培训也很好，但是似乎只有她本人具有能支持承担这个挑战角色的特质才行。不然，你就正在承担过大的风险。

运用在指导变革领导人上

组织中的变革领导人需要知道他背后有你的支持。这里列出一些你可以做的大事：

- **清晰的责任与授权**：就像一个经理告诉我的，请把"只要"从我们的词汇中剔除出去。例如"你只要顺便把这件事加到你以前正在做的工作当中就可以了"。如果你期望新的任务能被执行得很好，你要确保任务的领导者有时间和资源把事情做正确。当增添了一项新的责任，就必然要求有新的付出。于是那些真的在乎这项任务的人，他们所要放弃的可能是他们的业余生活。
- **成为大声的鼓吹者**：如果变革的领导者希望你强化信息，以便让所有的人清楚你对这个变革项目的承诺是一贯的。对他的请求要说：我做。

我参加过一个公司的会议，此公司正在制订多元化计划，解决当需要提升高管人员时，候选人员名单里只有白人的问题。一些经理和高管没有看到这项变革对业务有什么帮助。不仅如此，如果对照他们业务的使命，这可能还会让他们转移专注力。这让会议主持人进入了艰难时刻，直到一位副总裁转向大家说："我上周与董事会主席开过会，他100%支持这项计划。"由于大家知道董事会主席可不是一个朝令夕改的人物，如此支持这个项目只有一个理由，就是他坚信这对公司是有好处的，会议的风向戏剧化地转变了。大家开始认真学习如何让这个新设想在他们自己的区域得以执行。

确保所有的人都知道，你正在做的就是确保变革的成功，这对你来说是一件至关重要的事。

- **干预**：其他人可能会尝试把变革领导者的方向拽向它方。不要让此事发生，要成为那个说"不"的人。而且你是确保项目从头到尾所需资源都能得到满足的人。
- **有求必应**：让变革的领导者知道你真的对他是永远敞开大门，要通过询问他是否需要什么帮助来证明你的门是开着的。
- **留心你奖励什么和不在乎什么**：如果公司还在奖励老的习惯方法，那么你就是在跟变革领导者的努力唱对台戏。同样，如果你忽视变革项目，你也就传递了这样的信息，此事已经脱离了你的关注范围，它已经不再是你的优先级了。

指导自己的行动

你越多采用本书的思想，运用它们的时候就越适应。以下列出了一些能帮到你的事情：

- 确保你已经理解变革循环周期。观察变革循环周期如何起作用的最容易的办法，就是观察别人是如何展开变革的。人们正处于变革循环周期的哪个位置，如何与处于不同位置的人打交道，哪些方法有效，哪些方法无效，从中你将学到很多东西。观察别人把事情搞得一团糟也挺好玩的，你还必须面对它。
- 当你展开对话时，利用三级抗拒（或称为三级支持）工具。一下子就学会利用抗拒是很难的。环顾四周，其实你会发现你参加的每一个会议里都有显而易见的三级抗拒。
- 保持开放和好奇。就像我的老朋友埃德温·尼维斯（Edwin Nevis）说的那样，当面对某人离奇的回应时，向自己提问"这是不是很有意思呀？"这个简单的问题能让你对可能性保持开放，这个人可能不是胡言乱语的白痴，他很可能在说着有价值的事。
- 我的哥们儿赫伯·史蒂文森（Herb Stevenson）常常这样给客户建议："先停顿，再反思，然后行动。"这个微小的"停顿"能避免你做出条件反射反应，有时只是这一点就能让事情变得完全不同。

你知道他们是怎么说完美计划的？好吧，就习惯一下吧。因为变革周期中的各个阶段都会依次出现的，如有个好计划，你就永远不会脱离轨道。但是，你永远不会看清所有的相关背景，例如观察伞下的美女，你有可能漏看某些重要的东西，或漏掉遥远之外蝴蝶在扇动翅膀、火山的爆发，这都要求你不得不做出调整。

领导变革的人不论男女都要好好地理解，变革流程更像爵士乐，而不是古典音乐。虽然已经有了大家共同商定好的结构，但是演出的效果怎么样，既取决于即兴演奏的能力，又取决于背景条件。

第 11 章

向精通进发

> 我已从错误中学到了东西,我敢肯定我可以(观众正期望着高大上的回答……)精确地重复错误[1]。
>
> 彼得·库克(Peter Cook)
> 喜剧《青蛙与桃子》(The Frog and Peach)

詹姆斯·姆迪(James Moody)是世界著名的爵士萨克斯管演奏家、国家艺术基金会顶级大师。在两年前的一次巡演途中,姆迪每天都会爬上乐队大巴练习音乐。他当时已经82岁了。一位年轻的音乐家为之动容,问道:"詹姆斯,你一定觉得练习音乐很有乐趣吧?"姆迪望着他,回答:"这跟乐趣

---

[1] 译者注:作者认为之所以精通者是少数,就是因为大多数人走入了重复做同样事的陷阱,每次没有一点进步。作者想通过喜剧中的对话,激发大家要每次进步一点,每次都缩小"知"与"行"的差距(第三部分的标题)。

有什么关系？这是必须要做的事啊！"

姆迪是对的。任何一个想把东西学好的人都不会认为自己已经技艺精通了。他们总是不断地学习提高。我所认识的那些成功地领导和管理变革的领袖们也会同意姆迪的说法。

我在开始写作本书的新版时，采访了几位在商业组织中工作的人。我请他们讲述自己曾经成功领导过的一次变革——但获得变革所需的支持可不是想当然的。他们领导的变革有些是大型组织变革，需要获得最高层管理者和外部客户的支持，也有些是要为公司组建领导联盟①，以及就新软件实施达成一致，等等。

尽管这些变革的种类各不相同，但背后的故事却非常相似。我总结如下：

- 他们都了解自己的业务。他们知道领导某种类型的变革自己需要了解什么。例如，如果变革有关一个新软件的实施，那么他们清楚哪些资源能够实现这一实施。
- 他们头脑中有一套变革理论。这套理论有的是他们以前从书上学的，有的就是他们自己的理论。但无论如何，他们理解自己运用自如的理论，并用这套理论指导自己的行为。他们也许不会将之称为理论，但从言谈之中可以看出，他们都有原则和信条来指引自己的行为。
- 他们知道如何在各自独特的文化中工作。通常，他们

---

① 是的，他们受约翰·科特（John Kotter）变革思想的影响。组建领导联盟是科特在《领导变革》（波士顿：哈佛商学院，1995 年）中提到的八个步骤之一。

了解自己要去影响的人。或者,他们能够在第一次遇到这些人时迅速对他们进行研究,并根据新的,通常是独特的环境调整自己的工作方法。
- 他们有敏锐的直觉。在困境中,他们能够做出正确的选择。这些敏锐的直觉源于知识、观察和实践。他们的理论为正确的决策提供了基石。
- 他们有积极的心态。其中一个人告诉我:"我一直希望能够积极地影响这个世界。"另一个人说"选择对的人"(柯林斯《从优秀到卓越》中的一个原则)是他的行动信条。我们从中可以看到,这些变革者都相信自己,并相信他们的合作者是有能力的、善良的。
- 他们都持之以恒。事情并不是任何时候都进展得那么顺利,但是他们会坚持到底。
- 其中一些人甚至面对挑战乐在其中。一位领袖很高兴地告诉我说,有时候他要影响的人会说不喜欢他,或是不喜欢他代表的人。可以看出,这位领袖很喜欢将三级抗拒转变为支持(顺便说一句,他确实得到了这份支持)。

我写这一章的目的是要帮助大家在克服"知"与"行"之间的差距时,达到精通。我将会谈到意图、实现意图的障碍、克服障碍的途径,以及如何通过自律性的实践持续地提高技能和成效。

转换意图,改变结果

听起来有些不靠谱,对吧?忍耐一下。我想你会看到"转换意图"的重要性。

无论是在音乐、体育、艺术或者领导力领域，我们想提升自己的能力时，都有强调工具和技巧的倾向。我曾经跟一些音乐家们合作过，这些音乐家的演奏又快又准，但是堆砌的音节中却找不到乐感。显然，我们需要技巧，但这不是提升水平的起点，提升水平的起点是要有**清晰的意图**。

1. 理清你的意图

如果在你领导变革期间，我能够一直跟在你左右，在各个不同的节点询问你的意图，你也许会对自己的反应感到惊讶。多数人在行动之前都不太思考意图，你也许会说："我的目标是……"

目标（goals）和意图（intentions）是不同的。"目标"指我们想完成什么，"意图"指我们实现目标的方式。例如，假设我的目标是在预算范围内按时完成一个项目。这时你问我："里克，你的意图是什么？"于是我无语了。是否了解自己的意图决定了我们的成功与失败。

如果我的目标是在预算范围内按时完成项目，那么实现这一目标的**意图**可以有很多种。比如，我的意图可能是：

- 让所有人都参与到项目的计划和实施中，或者；
- 咨询一位我尊敬的人，或者；
- 让所有人都听从我的指挥，或者；
- 雇用中介（或咨询师）以确保工作得以成功完成。

所有这些意图都会让我采取一系列不同的行为,也会让相关人员采取不同的行为。

问问自己:"当我领导一项变革时我的意图会是什么?"以下几点可以帮助你思考:

- 从成功和失败中学习;
- 愿意接受别人的影响;
- 相信他人有能力改变。

2. 发现你的模式

大多数人做事情都有自己的习惯。我们的意图往往不会有大幅度变化,除非我们选择去改变。

把你引导变革的故事详细地写下来吧。叙述故事时不要评价,只叙述就好。比如,不要写:"我们召开了一个计划会议,很多人参加了会议,会议很成功,然后我们分配了任务……"要这样写:"我与高层管理团队一起设计了计划会议的日程,计划会议涉及不同部门和层级的近百名员工。团队内一些人不同意我把这么多人都纳入进来的想法。我们讨论了各个方案的利与弊……"这两者的区别在于第二种写法内容更详尽。当你回忆这一变革经历时,你应该有情景再现的感觉。

现在退一步回来,想象这是别人的故事。你觉得他在实施变革中的整体意图是什么?尤其要关注:

- 你如何启动变革?
- 你让哪些人参与变革,不让或者"忘了"让哪些人参与?

- 当人们基于一些情绪抗拒变革时你如何处理？
- 哪些时刻你的领导力面临考验，那时你是如何做的？

回溯领导变革的过程能够让你更清楚地了解你的意图。亚瑟·叔本华（Arthur Schopenhauer，1788—1860年）曾写道："一个男人在毫无戒备时的行为细节最能揭示他的特性。"（女人也一样，不过显然叔本华没有发现。）

3. 做一次实际检验

请一位你信任的人听听你的故事。然后问问这位你信任的朋友，他认为你走每一步的意图是什么。

为什么有必要这样做呢？这里有一个非常好的原因：我们经常自欺欺人。大多数人认为自己的驾驶技术、沟通能力，以及其他种种能力高于常人。（要知道我认为，除了我以外，几乎所有我见过的司机的驾驶技术都低于平均水平。）因此，我们"觉得自己做了什么"并不等同于我们真的做了什么。

一位可以对你坦言的朋友能帮助你检验你所叙述的意图是否与他人看到的事实有出入。

4. 打开引擎盖

有时候你需要打开引擎盖才能看清车子的问题。在《变革为何这样难》中，罗伯特·凯根和丽莎·拉斯考·拉海请人们界定他们真正想要什么，然后让他们列出所有与目标相悖的事情，这些事情他们可能正在做或还没做。

作为一个变革领导者，这种做法对于厘清你的意图很有用。要厘清你现在正在做的哪些事情，或者没有做的哪些事情会阻碍你实现变革的意图。

打开引擎盖能够防止我们假装言行一致。

凯根和拉海发现，厘清行为背后的假设与想法会给我们带来以下五项收益：

① 人们能成功地改变自己的心态，而心态被凯根和拉海描述为"塑造思想和感受意义的形成系统（多个）"。
② 人们能够"更敏锐、更专注地观察自己的思想、情绪和行为"。
③ "心态的改变总能使人们看到和感受到更多的可能性。"
④ "人们更有的放矢地冒险，并培养出一种新的能力。"这些都是基于他们表现的实际数据，而不是基于想象或者以往对自己和能力的认知。
⑤ "人们实现了精通、拥有了更多的选择机会、更广的控制能力和更高的自由度。"①

在书中，他们描述了检验"隐藏的诺言"的方法。他们相信，这些"隐藏的诺言"与我们的意识和"更尊贵的"意图拥有同样大的力量。例如，就一件对于你我都相关且重要的事情，我希望受到你思想的影响；而当我开始参与时，我却意识到我同

---

① Robert Kegan, Lisa Lahey. *Immunity to Change*. Boston：Harvard Business School，2009.

时也对自己承诺了要在组织里保持最睿智人①的身份。(你会发现,在很多组织中,这种相互矛盾的意图是相当普遍的。)

当我意识到自己内心中不同的意图在相互竞争时,我就可以准备几个方案。

我强烈推荐你读一读这一章里我对凯根和拉海的采访(同时我极力推荐他们的书。他们会引导你一步步检验自己的目标,识别相互竞争的"隐藏的诺言"以及背后的种种假设。随后,他们会介绍如何着手改变你看待事物和处理问题的方法)。

5. 寻求你需要的帮助

如果你想转变意图以便实现你的目标,那么你很可能需要帮助。如果你是像我这样的美国人——伴随着独行枪手清除小镇恶势力的牛仔电影长大——忘了这些吧。那些故事也许是娱乐性的传奇,但它们只是传奇而已,大多数人都需要别人的支持。

我建议你找一个人(朋友、私教、合伙人)跟你聊一聊,想一想以下几点:

- 实现这套新的意图,你是否拥有必需的技能? 如果没有,你该如何识别,然后培养这些技能? 本书所讲的内容应该是构建这些技能的一个很好的基础框架。你可以花几分钟浏览第2章,问问自己是否真的理解了"变革循环周期"(或者理解了其他的变革方法)。然后阅读第3章到第9章,问自己同样的问题。你很可能已

---

① 译者注:不被别人思想影响的人。

经注意到，所有这些章节的结尾都有"架起'知'与'行'之间的桥梁"一节。这个小节通常都是以"要求你注意"而开始的，在理解周围情况和流程可能存在的挑战之前就进入行动阶段是有风险的。

- 如何从你的工作环境中认知你所采取的意图？库尔特·勒温（Kurt Lewin）是群体和组织心理学的先驱，他曾说过，行为是"**人**"加上"**他（她）所处环境**"的职能。想想星星监狱（Sing Sing）的泰德·科诺菲尔。是"科诺菲尔本人"加上"他所处的环境"决定了他在工作或家中的行为是什么。菲利普·隆巴多（Philip Lombardo）曾说，阿布格莱布监狱（Abu Ghraib）丑闻是因为整个桶有问题，而不仅仅是因为桶里有几个烂苹果。他的这种说法完美地体现了勒温的思想。

- 如果你生活在非常个人主义的美国文化中，那么让我们在自己的观点中加入情境或环境因素也许是个挑战。回顾一下第 5 章"忽视背景，将你置于危险境地"也许是个好主意。

6. 确定如何强化这种新的思维方式

如果你是第一次听说以上这些关于意图的内容，那么你的同事们很可能也没听说过。人和组织在不经意间都愿意保持现状。因此，就改变现状这一点来说，你需要得到他人的帮助。

也许你需要找到一个能不断提醒自己使用新意图的方法。比如，你"相信人们（包括你自己）拥有迎接挑战的能力"。一次会议中，有人情绪爆发了。他们指着你的鼻子对你说："这是你提过的最差的想法,而且你也非常愚蠢!"你怒气难耐。那么在你的"条件反射反应"膨胀为绿巨人之前,你如何能记起自己刚刚学过的意图(要对不同意见保持开放的心态)呢?很难,对吧?在你面对考验之前,值得你深入思考一下。

工具箱:如果想对这一变革方法有个快速的回顾,请访问 www.askaboutchange.com 并搜索 Intro to Change Without Migraines。

多年前,当我刚开始做咨询的时候,我答应协助一个政府教育机构做团队建设,帮助其管理和行政人员讨论他们团队协作中存在的问题。会议在刚开始的几个小时里似乎进行得很顺利,但随后就变了风向。在毫无预警的情况下,大家开始批评我——而我只是一名引导师主持人。这到底是怎么回事?

面对他们的抗拒,我使用了传统处理方法。我提醒他们我的角色:"我是中立的,是受过训练的专业人员。"(这是条件反射反应)他们根本不听,继续攻击我。我又尝试另一种战术——转移话题,讨论下一项议程。(然而这也是条件反射反应)这也没有用,他们不改话题。局面一直持续,最后总算熬到了茶歇时间。

幸运的是,我明智地邀请了我所认识的最资深的咨询专家之一洛依德·理查兹(Lloyd Richards)跟我在一起。茶歇时,我把洛依德拉到一边问道:"我哪里做错了?"他笑笑说:"里克,这是场雷雨。事情不怨你,但是你站在最高点,把所有雷电都吸引过去了。要么你继续像一棵老树那样立在那里迎接电击,要么做一根避雷针,让电流通过你得以疏导。你自己选吧。"

他的建议起作用了。茶歇之后,我用他的隐喻指导了自己的行为，有意地引来了更多的电击。我把大家的问题、担心和批评抄录在白板上。当暴风雨过去天气晴朗后，大家就能更加心平气和地审视这些问题了。

30年来我一直都记得那次经历。只要我回想起它，它都能帮助我坚定自己的心态，而不会因为陷入条件反射反应而无法自拔。

你必须要把暴风雨引来，仅仅听远方的雷声没有用，你必须愿意站在山顶上，引雷上身。

采访罗伯特·凯根和丽莎·拉斯考·拉海

我们的变革免疫

罗伯特·凯根和丽莎·拉斯考·拉海合作著有《我们怎么说能够改变我们怎么做》（*How the Way We Talk Can Change the Way We Work*）和《变革为何这样难》两本书。罗伯特是哈佛大学教育研究生院成人学习与职业发展方向的教授，丽莎是哈佛变革领导力小组的副主任。他们也是"工作思维网站"（www.mindsatwork.com）的创办者。

我："变革的免疫"是什么意思？

罗伯特：可以假设思维跟身体一样，有一种能持续让我们免于麻烦的免疫系统，它定期保护我们不发生灾难——但是偶尔也会阻止新事物进入，从而给我们带来更大的风险，因为它误以为新事物是一种威胁或危险。

丽莎：我们常常想改变，却做不到。变革免疫的思路重新诠释了这个问题。比如，我们认识一位管理者，他知道自己在团队讨论中太挑剔、太强势。他真的想柔和一些，但总是做不到。"我忍不住，这让我感到懊恼。"他认为自己无法改变是因为自己有局限性或者弱点。我们认为自己无法停止过量饮食是因为意志力薄弱；无法改变工作方式是因为自己墨守成规。

我：使用你们的方法会发现什么？

罗伯特：我们给那位管理者进行了一次"透视"，这让他看到了平时自己看不到的东西，于是他有了全新的认识。他是一个有色人种，碰巧在一个白人占大多数的团队中工作。每次他与团队意见一致，都感觉很不舒服，好像是在出卖自己。于是他会变得挑剔并过分坚持，因为这样他就会回归成为团队的少数派，而他对这种状态感到更舒服！

丽莎：他并不是因为意志力薄弱而"无法改变"。他在潜意识里非常成功地履行了"隐藏的诺言"——不要合作，要作少数派。

我：那么这种"隐藏的诺言"是种自我保护？

罗伯特：绝对是。这是一种免疫系统：它照顾你；它时时刻刻在工作；你完全意识不到它的存在。

我：那么我们该如何克服这种对变革的免疫呢？我们都不想放弃我们的免疫系统啊。

丽莎：我们不应该放弃免疫系统。免疫系统是美好的、睿智的。但是我们可以更改自己的免疫系统。可以让它们改变模式，让它们不那么具有破坏性，少发出"错误警报"。要更改现有的免疫系统，第一步要理解它们以及它们背后的假设。比如理解那位强势的管理者有一种假设：即便他不能够很好地融入团队之中，但仍然感觉和团队有强大的联盟。

罗伯特：第二步是**检验**这些假设。比如，检验这位管理者自我假设是否正确的第一个实验会是什么呢？一项检验会引发其他的检验，用不了多久，免疫系统就会开始改变。他仍然可以把自己照顾得很好，但是他可以改变那些过分强势的行为。

我：大多数人都不喜欢看到自己的缺陷或者弱点。他们——也包括我——会为自己辩护。但是，你们的工作让我感叹，你们能让人轻松地参与到这个过程中，并且在面对自己所谓的缺陷时报以微笑、乐于承认。我觉得这源于你们对人的尊重。你们同意吗？

丽莎：我发现我们的方法能让人们对自己更宽容。当人们看到自己这些"了不起"的行为时,他们能够让自己不再自我否定。对于我来说,帮助人们看到自己要解决的问题并不是自己原以为的问题,这是一份礼物。当帮助他们把问题重新定义之后,他们不会再对自己生气,而是说"哦,真有趣!我其实对自己不错。"

罗伯特:我认为你所说的尊重与其说是起点不如说是结果。我不会一开始就对自己说"要尊重别人"。人们总是做一些违背自己最紧急、最想实现的目标的事情。如果你认真对待这类现象,你就是在建立他们的焦虑管理系统——实际上是一种头脑的免疫系统。如果以"变革的免疫"概念为起点,那么你其实是在关注人们的**勇气**。当我们意识到自己每时每刻都在勇敢面对和处理潜在危险时,我们会被自己感动的。你所经历的尊重可能就是这种感动的自然结果。

我:我真不希望把这次采访搞得像个广告,但是我相信这项工作的核心对于引领变革的人来说非常重要,我希望读者能仔细阅度两位的《变革为何这样难》,并且完成两位在书中提到的步骤。谢谢!

莎士比亚笔下的亨利五世对他的部队这样说道:"只要我们的头脑准备好了,就万事俱备了。"当你引领变革时,切中要害的意图也会起到同样的作用。以下方法能帮助你把意图变为现实。

培养所需技能

正如费弗尔和萨顿所说,"知"与"行"差距中缺失的常常是"行"的部分。与我合作过的大多数管理者都很清楚地知道在变革循环周期各个节点需要做什么,但却很难将这些知识转变为行动。

回顾一下第 2 章到第 9 章,你可能会发现,有些内容你既懂得知识又掌握相应技能,另一些内容你可能只有知识却没有技能,又或者你觉得自己既缺乏知识又没有技能。没关系,你会多少是多少,从此地开始就可以了。

 工具箱:如想获得知识与技能习题,请访问 www.askaboutchange.com 并搜索 knowledge and skills worksheet。

你可以做一下这个与第 2 章到第 9 章内容相对应的快速测试,如下表所示。

快速测试表

项　　目	知识	技能
变革循环周期		
人们支持与抗拒变革的原因		
避免条件反射反应		
认知理解背景		
使变革成为引人入胜的事件		
起始就迈出正确的一步		
保持变革鲜活		
回到正轨		

按照 1~5 分为每项打分。1=无知识无技能;2=一点儿

知识和技能;3＝一些知识和技能;4＝很多知识和技能;5＝几乎精通。

如何培养技能呢？不要去培训，多数的管理培训都擅于提供知识，包括通过全方位调研问卷和心理学档案了解你自己、通过讲座和练习了解概念，等等，但是这些培训常常无法提供自律性的实践。而要提高技能，你需要实践。

刻意实践

杰夫·柯尔文(Geoff Colvin)在《哪来的天才》(*Talent is Overrated*)中写道："促成卓越表现的最重要的因素是一种被研究者们称为'刻意实践'的东西。了解刻意实践到底是什么，以及不是什么非常重要。它绝对不是我们在日常工作中所做的事。于是工作中的一个重要谜团——为什么我们周围那么多人都努力工作数十年却不会达到卓越——开始迎刃而解。我们多数人认为自己练习高尔夫、双簧管或者其他什么爱好就是刻意实践，其实这些都不是。刻意实践很难、令人痛苦，却行之有效。多次的刻意实践会让我们取得进步。大量的刻意实践能让我们达到卓越。"①

任何一个在某一领域取得了一定优异成绩的人都会认同柯尔文对他们的理解。卓越的高尔夫球手花费不计其数的时间打磨自己球技的方方面面：发球、推杆、如何把球打出长草区。一场接着一场打高尔夫球通常不是他们实践的重要部分。卓越的钢琴家也许每天早晨喜欢坐在钢琴旁，演奏几首巴赫的序曲，然后弹奏贝多芬的钢琴奏鸣曲。尽管他们确实练习这些

---

① Geoff Colvin, *Talent is Overrated*, New York: Portfolio, 2008: 7.

曲目,但他们还会花费大量时间练习演奏的技巧。黑带选手仍然持续不断地琢磨他们在白带段位时学过的动作和招式。

一堂合气道课程结束时,教练请大家坐在他的周围。他提醒大家说,这个晚上的大部分时间我们都是在练习一个武术动作。他问道:"你们想知道黑带选手与白带选手的区别吗?"我们当然想。他说,假设我们今晚出了练功房走向漆黑的停车场,一个进攻者精确地按照我们今晚练了两个小时的方式袭击我们,那么白带选手会表现优异。也就是说,劫匪不仅要从后面进攻,而且要抓住我们的左小臂。但是,如果劫匪以其他方式进攻,比如从右侧或者其他不同的角度进攻,白带选手就会不知所措。与此不同的是,黑带选手会针对袭击的方向调整战术。只有通过刻意实践,才能让人既可以敏捷地学会基本技巧,又能自然而然地随机应变。

你无法像学柔道那样拜一位大师,每周上三次课来实践成为引领变革领导者的技能。但以下是你能做的。

实践 IAG(识别—分析—归纳)

刚开始学习团队和组织管理的时候,我在 MATC(一个位于华盛顿的组织管理培训机构)学习。在这个机构中浸泡了两年(包括进行大量的实践)之后,我参加了一个高级讲习班。我们每人两小时,轮流协助一组学员进行团队建设,然后获取反馈。轮到我讲的时候,我不知所措了。除了说"嗨,我叫里克,我会与你们一起度过接下来的两个小时",我的其他干预措施都毫无效果,全军覆没。听众对我的方法要么不屑一顾,要么视而不见。

研讨结束时,我请培训大师约翰·丹能(John Denham)给些反馈。他让我晚上去找他讨论。我想他肯定会建议我放弃这个行业,改行制作动物标本或者从事其他不需要与真正的人类互动的职业。

我们聊了几分钟,然后他开始播放我今天培训时的录像。在我认为应该实施干预的各个节点,他会让我暂停录像。暂停后,他问我注意到了什么,实施干预的意图是什么,然后他演"学员",我进行干预。有时候他的反应如我预期,但有时候他的反应让我不知所措。接下来我们对此进行深入分析。两个小时之后,我发现自己擅于观察而且能够对学员言之有物,自我感觉良好。我拥有知识,但行动时出了问题。我陷入了条件反射反应的陷阱。在老师和同行面前进行表现的需求超过了我的教学需求。约翰耐心的讲解让我克服了对教室内严肃群体的恐惧。

我们在讨论中使用了 IAG 方法。这个方法既简单又优雅。但是要想让这个方法行之有效,就必须在分析时严谨并且客观。"客观"的意思就是你在分析中不能有情绪和主观性(我这方面做得不好)。

I＝识别。你要识别出具体事件。越具体越好。如果你能够细化到"肖恩说了 X,然后我的反应是 Y",那么你就已经有很多东西要分析了,这比分析整个会议过程需要做的都多。记住,你要用这个过程培养技能。一旦你试图把一个三小时的会议整个汇报一遍,你就会趋于概括。当然,概括性的分析有它的意义,但是要精准地从一个具体事件开始。

A＝分析。分析事件的过程,不要评判。"肖恩说了 X。"

记下他什么时候说的,用什么语气,说话时的情境如何。"我回答说 Y。"分析一下你自己的语气,等等。然后识别此后发生了什么。就像法庭记录员记录庭审过程那样,不带任何润色和评价。这不是写短篇故事,而是记录谁说了或做了什么、结果发生了什么。

G＝归纳。这时候从经验中学习的机会来了。你可以发现:

- 如果类似事件再次发生,你会怎么做。
- 在肖恩事件中,你当时的态度是什么。
- 你刚学到的东西如何在不同的情境中发挥作用。

IAG 相当简单。你也许可以用几分钟完成这三个步骤,或者用一个小时。

一位好的棒球击球手不会在击球练习场练习 15 分钟,然后才来分析整个实践过程,他很可能会在每一次挥杆后都做分析。

行动学习

当雷吉纳德(雷吉)·雷文斯(Reginald Revans,1907—2003 年)还是一名天体物理学硕士生的时候,他得到了一次在剑桥大学著名的卡文迪什实验室(Cavendish Lab)实习的机会。实验室里有很多国际知名的科学家,还包括五位诺贝尔奖获得者。这些非常聪明的研究者们会以非常学院派的形式每周搞一次茶话会,分享各自的想法,这让雷吉很着迷。他的经验告诉他，顶尖实验室的科学家们都很自我，通常会为了证明自己的才智而去驳斥他人。而在这里，这些科学家们却在分享各自的想法。雷吉进一步观察发现，为了在每周的茶话会上提出一个主题，先要找到一个问题。你不能讨论自己最近的成就，我记得雷吉说，当一位诺贝尔获得者说"我有一个问题"时，自我就消失了，大家都在试图去帮助这一著名的同事。

学习与完成项目一样重要。雷吉创造了一种叫作"行动学习"的方法，即一组人一起合作完成项目，并在合作过程中学习。学习是在合作过程中发生的，不是项目结束时发生的。所以，想象一下，一些人要学习团队协作，他们不仅要以团队形式工作，还要周期性地停下来，反思团队工作的进展以及他们正在学习什么。IAG 是组织这种反思的一个好方法。

如果项目很重要且时间宽裕，那么这种方法很有用。否则，接近最后期限会挤压学习过程，所有的时间都会被用来完成项目。

实验

格式塔心理学告诉我们，实验是学习的好途径。实验不是练习或者做计划好的事情，而是当场尝试某种行为以便帮助你更深入地了解自己和自己的行为。例如，假设你很难影响你的老板，当他对你颐指气使时，你产生了条件反射反应，也开始对他强硬。你们就像是两只狒狒在争夺一份食物。

在今天 10 点的会议上，你觉得老板又会来压你了。于是你设计了一个实验，步骤如下：

① 确保你的突发事件是安全的。无论你如何计划，你需要确保这个实验是安全的，但是又有足够的风险以便你能从中学到东西。在实验中，无论你的老板如何刺激你，与你针锋相对，你都要绝对沉默。如果你要说话，那么一定是有关会议内容而不是针对他的挑衅。这就够了。你认为自己很可能会实施这个实验——这说明实验安全。但是你又对保持沉默感觉很不舒服——这说明实验是非常态时刻。你向自己保证，在会议中至少要这样试一次。
② 你实施实验。你的老板说了话刺激你，然后你感觉情绪难耐，然而你没有说话而是保持了沉默，这就可以了。
③ 会议结束后，你使用"识别—分析—归纳"方法思考刚刚发生的事情。

实验使你可以在相对安全的情况下尝试新的做法。也许你可以在放映五页幻灯片之后留下一个空白的电脑屏幕，然后走向前问听众："那么，你们怎么想？"对一些人来说，这样就已经开始让他们不舒服了。对另一些人来说，实验就是问一个问题，然后等五个人发言之后再说话。尽管这些都是细节，但它们却是走向精通的基石。

伟大的钢琴家瓦尔特·吉泽金（Walter Gieseking）会让他的学生从一长段乐曲中挑出自己总是弹不好的一小段乐句反复实践。练习快弹、慢弹、用不同韵律弹、用不同音调弹。当学生们以后弹奏这段音乐或者在其他乐曲中再碰到类似的乐句时，他们就驾轻就熟了。这与黑带柔道学员熟知动作因此可以在任何场景下本能地自如运用是一个道理。

为刻意实践获得所需的支持

很多组织鼓励经理和高层管理者找私人教练。这些私人教练能在你反思和学习时给予很好的引导。其他人还可以找朋友帮忙。咨询师们常常用"影子咨询师"来描绘那些对于客户来说"不存在"的人，但是他却能帮助咨询师观察其咨询效果。我的朋友马西莫和我多年来一直互为"影子咨询师"，我们现在已经彼此非常了解。我们可以在一个人马上开会之前，让另一个人过来快速做一节培训。一个行动学习小组也可以实现这样的目的。对一些人来说，个人日志能帮助你学习技能。实践是关键，选一种适合你的方法即可。

我写这一章时，冬季奥林匹克运动会正在进行。运动员的表现令人惊叹，我可以想象男女运动员们都是经过了极大强度的训练才能够参加这样一场高水平的比赛。学习一项技能是一种训练，需要时间。但是我知道，这是值得的。这周早些时候，我遇到一个新客户，她有学好变革的本能——或者在我看来可以称之为正确的心态。我会简单评述一下她应该注意什么或者哪些方面可以改进。显而易见，她对于学习变革做了很多思考，我感觉自己是在训练奥林匹克运动员。她知道该如何运用我的建议，我看到她思考我给她的建议，对建议进行微调，然后变成了自己的方法（同时抛弃那些对她不太适用的评论），这就是精通了。

我祝你成功！

资　　源

WWW. askaboutchange. com

贯穿整本书你已经看到这个图标

我决定把这个资源贡献出来，放在一个网站上。这样我可以很容易更新它和添加新的内容。

除了在本书中看到的文章、播客、评估等参考资源之外，网站还包括了一个阅读清单。这不是变革领域所有出版物的清单，而是在组织变革中深深影响了我的书单。

此网站还有一个免费的在线社区链接，社区叫作变革管理开放资源项目（change management open source project），网站为 WWW. changeOPS. com。在这里你可以遇到来自全世界的，对组织中引领变革有兴趣的人。网站还包括了对此领域专家的采访播客、一些自制的短视频、一本电子书《不再头疼，引入变革》（*Introduction to Change Without Migraines*）和一个由你的问题、回应、建议等作为助推燃料的实时讨论论坛。我期望你考虑一下，加入我们吧。

作者简介

里克·莫瑞尔是大型组织领导者的变革顾问,帮助他们有计划地成功实施变革。其实就是在应用本书所叙述的概念与方法。

很多组织和咨询公司都已经采用了他的独特的引领变革方法,包括华盛顿邮报、洛克希德·马丁公司、德勤咨询公司、美国管理系统公司、美国退休人员协会、杜兰大学医院、贝尔大西洋、美国联邦航空局、西奈山纽约大学医学中心、嘉信理财、美国桑迪亚国家实验室、美国城市图书馆协会、美国国家地理空间情报局、美国哥伦比亚特区公立学校、国际货币基金组织,还有很多企业、非营利组织、联邦和地方机构也都在使用本书的变革方法。

他开创了受大众喜爱的"变革管理开放资源项目",在此项目的网站上(WWW.changeOPS.com),你可以遇到来自全世界对组织中引领变革有兴趣的人。

此书的第一版出版后,他的观点被《华尔街日报》《财富》杂志、美国广播公司新闻频道、美国全国广播公司财经频道、《华盛顿邮报》《纽约时报》《经济学家》杂志、《今日美国日报》《工业周刊》《快速公司》杂志和《投资者商业日报》广泛报道。

作者在克利夫兰完形研究所教学。他在领导力和变革领域著有书籍,他的著作包括《我想要的,为什么你不想要》(*Why Don't You Want What I Want?*)、《反馈工具箱》(*The Feedback Toolkit*)。他还是华盛顿特区的业余爵士乐手。

有关作者更多的信息,可以访问网站www. rickmaurer. com、www. changemanagementnews. com(播客)和 www. askaboutchange. com(引领变革的免费资源)。